牛津学科论文写作书系

领学东方

丛书编委会

孙　华　　李轶男
金　立　　赵思渊
朱静宇　　江　棘
郑伟平　　杨　果

（排名不分先后）

孙　华	北京大学教授，北京大学"学术写作与表达"通识核心课主持人
李轶男	清华大学副教授，清华大学写作与沟通教学中心主任
金　立	浙江大学哲学学院教授，浙江大学中文写作教学研究中心执行主任
赵思渊	上海交通大学人文学院教授，上海交通大学学术写作与规范课程负责人
朱静宇	同济大学人文学院教学院长、教授、博士生导师
江　棘	中国人民大学教授，中国人民大学写作与表达中心执行主任
郑伟平	厦门大学哲学系教授、博士生导师，厦门大学写作教学中心课程组组长
杨　果	南方科技大学教授，南方科技大学人文中心写作与交流教研室主任

哲学写作指南

[美] 刘易斯·沃恩 著
Lewis Vaughn

葛四友 金琦 译

WRITING PHILOSOPHY
A Student's Guide to Reading and Writing Philosophy Essays

中国出版集团有限公司
研究出版社

图书在版编目（CIP）数据

哲学写作指南 / （美）刘易斯·沃恩著；葛四友，金琦译 . -- 北京：研究出版社，2025.5. -- ISBN 978-7-5199-1884-2

Ⅰ . B1-62

中国国家版本馆 CIP 数据核字第 2025L1N121 号

WRITING PHILOSOPHY: A STUDENT'S GUIDE TO READING AND WRITING PHILOSPHY ESSAYS (THIRD EDITION) by Lewis Vaughn
Copyright © 2024 by Oxford University Press
WRITING PHILOSOPHY: A STUDENT'S GUIDE TO READING AND WRITING PHILOSPHY ESSAYS (THIRD EDITION) was originally published in English in 2024. This translation is published by arrangement with Oxford University Press. EAST BABEL (BEIJING) CULTURE MEDIA CO., LTD. is solely responsible for this translation from the original work and Oxford University Press shall have no liability for any errors, omissions or inaccuracies or ambiguities in such translation or for any losses caused by reliance thereon.
ALL RIGHTS RESERVED

出 品 人：陈建军
出版统筹：丁　波
责任编辑：戴云波

哲学写作指南

ZHEXUE XIEZUO ZHINAN

［美］刘易斯·沃恩 著　葛四友 金琦 译

研究出版社 出版发行

（100006　北京市东城区灯市口大街 100 号华腾商务楼）
天津鸿景印刷有限公司　新华书店经销
2025 年 9 月第 1 版　2025 年 9 月第 1 次印刷
开本：880 毫米 ×1230 毫米　1/32　印张：9
字数：194 千字
ISBN 978-7-5199-1884-2　定价：78.00 元
电话（010）64217619　64217652（发行部）

版权所有·侵权必究

凡购买本社图书，如有印刷质量问题，我社负责调换。

中文版总序

孙华，北京大学教授，"学术写作与表达"课程负责人

从 2019 年筹备北京大学写作中心，到持续 10 个学期建设北大通识核心课程"学术写作与表达"，我和不同学科专业的老师一直在讨论如何更好地建设学术写作课，为学生提供可持续发展的学术写作之路。我们这门课是通过学术规范、论文结构、文献检索、语法修辞、逻辑思维和高效表达的内容，提升学生的学术写作素养和表达能力，为学生打下一个学术写作的基础。然而，随着进入高年级的专业学习，学生需要更精准的指导，这要求学术写作课要从通用技巧深入到学科特性，为学生提供专业论文、实验报告等的学术写作支持。

牛津大学出版社策划出版的这个"牛津学科论文写作"系列丛书，汇聚了各学科具有代表性的学者，针对不同学科的写作规

范、语言风格、文献引用等方面的不同特点，帮助大学生和研究生提升学术写作的水平。翻译出版"牛津学科论文写作"丛书，一方面是克服语言障碍，让更多的中国学生受益，更好地了解国际学术标准和话语体系，另一方面是解决了目前高校的写作课程大多为通识课程，特别需要针对高年级学生不同学科的特点进行细分学术写作指导这个问题。三是每一册皆以精准的学科视角拆解写作规范，辅以实例与策略，将庞杂的学术传统凝练为可操作的指南。这有利于部分缺乏专业写作教学培训的老师在课堂上更好地进行学术指导；同时也扩大了自适应学习的资源，学生可以通过这些高质量的教材找到更适合自己学科的写作材料、范例等。

这个系列涵盖哲学、历史、社会学、政治学、人类学、工程学、生理学、护理学、音乐学等学科，也是由国内各领域知名学者承担翻译，保证了丛书中译本的权威性，助力同学们在专业学习中更从容地应对各种学术挑战，更顺利地走上学术研究之路。

前言

《哲学写作指南》（以下简称《哲学写作》）的第 3 版与第 1 版、第 2 版一样，旨在帮助哲学教师解决一个大问题，即既要努力讲授课程内容，又要面对没有准备好就这些内容撰写论文的学生这两者之间的张力。这一难题之所以严峻，是因为写作既是一种有价值的教学工具，也是一种评估理解程度的手段。然而，利用课堂时间来解释哲学写作的独特要求，可能会分散用于讲授课程实质内容的时间和精力（当然，批改一批写得糟糕的论文也毫无乐趣可言）。就像没有任何一本书可以代替教师一样，也没有任何一本书自身可以教人如何写好文章。尽管如此，《哲学写作》试图尽可能接近这个理想：提供一本简短的、可以用于自我指导的手册，涵盖论证性文章写作的基础知识，并促使学生快速习得写作技巧，而无须教师投入过多精力。

若要如此攻克"写作问题",就要求课本尽可能自给自足,老师需要补充的内容尽可能少。因此,本书涵盖了哲学阅读、评估论证、撰写论文、列出论文提纲、研究主题和问题、注明出处、避免剽窃、发现谬误、编排论文格式、安排写作和研究时间等方面的基本技能。当然,教师可能希望在这些基础内容外再补充材料——但也未必。

本书的一个指导原则是,对缺乏经验的写作者而言,简洁明了最合适:帮助学生掌握一种简易的方法来撰写一篇简单而有力的论文,要比灌给他们五种方法写一篇充满选择的论文要好得多。即使面对并不复杂的哲学写作任务,初学者要思考的地方也很多。然而,如果他们能写出一篇不复杂的好论文,那么面对更大的写作挑战时,他们更有可能取得优异成绩。

主要特点

本书的整体进路有几个独特的组成部分。

- **关于哲学阅读的序章**。这本教材从哲学阅读开始讲起,因为许多教师认为哲学写作的教学应该这样开始。其内容包括对哲学的大体介绍、与更好地读懂哲学文本有关的规则,以及指导如何撰写转述和总结。这一章是本书快速入门方法的一部分:它让学生立即开始写作,这样到了第四章,他们就可以尝试撰写完整的论文。

- **逐步指导如何撰写论证性文章**。这些指导涵盖了整个论文写作过程,从提出论点、搭建提纲,到完成终稿。此外，还补充了范文、提纲、引言和结论。

- **以规则手册的形式概括出良好写作的核心原则。** 与经典的《风格的要素》(*Elements of Style*)一样，本书试图将最有帮助的写作建议提炼成简单的规则，让学生好记、易用，也供教师在给学生论文提供反馈时参考。这些规则涵盖了文章的组织、句子的结构、文献的引用方式、剽窃、语法、拼写和词语用法等方面。例如，有十条关于文章风格和内容的规则，八条关于有效句子的规则，四条关于引文和文献引用的规则（以及许多相关指导），还有十一条关于正确用词的规则。

- **一个章节与识别、阅读和评估论证有关。** 本书的规则还涵盖了前提和结论分析、演绎和归纳论证，以及常见的论证模式（包括归谬法和最佳解释推理）等方面。

- **一个章节与识别和避免逻辑谬误有关。** 这部分的重点放在学生写作中可能出现的谬误上——稻草人、针对个人、诉诸无知、草率概括、生成谬误、诉诸流行、虚假两难、乞题等。

- **全面介绍何为剽窃以及如何正确注明出处。** 这里有关于如何使用两种标准文献引用系统的说明。我希望这些信息足够详细，好让学生无须查阅其他有关如何引用资源的书籍或网站，就可学会正确地引用。

- **还有一个与常见写作错误和写作技巧有关的参考指南。** 第七章和第八章构成参考部分，涵盖句子构造、写作风格和词语选择等方面的基础错误。缺乏经验的写作者可以从头到尾读完这个参考指南，也可以在遇到具体写作问题时查阅（通过目录或书中的详细索引）。写作水平较高的学生，可以利用本指南磨炼写作技巧，或重温关于写作的基础知识。
- **论文格式编排指南**。附录中提供了相关说明和示例，帮助初学者使用人文学科常用的规范形式编排论文格式。

教学策略

不同教师使用《哲学写作》的方式有所不同，这取决于他们希望用多少课堂时间进行写作教学。以下是一些使用本书的可能的方法：

- 立即布置阅读第一章至第四章的作业；安排一小段课堂时间讲授或讨论第一章和第二章（可能的作业：撰写转述和总结）。再用另一小段课堂时间撰写论点辩护类文章（第四章的主题）。布置其余章节（第五章至第八章）的阅读作业。
- 在课程的前几周，布置阅读第一章至第六章的作业，同时要求学生撰写转述、总结、提纲和论文引言，最后完成论文。用一些课堂时间回答有关教材的问题。推荐学生自主使用参考指南（第七章至第八章）。
- 课程一开始就布置阅读整本书的任务。在整个课程中，布置撰写几篇难度递增的论文的作业，给学生提供反馈时提及教材中的相关部分。

本版新内容

- 更新了有关避免带有偏见和歧视性语言的材料，涉及性别（gender、sex）、种族和民族群体，以及性取向。
- 澄清并精炼关于以下问题的讨论：哲学写作中如何使用恰当的语言和语气，澄清概念的重要性，正确看待哲学家的权威，还有必须为既非微不足道也非明显为真的论点进行辩护的要求。
- 修订了关于谬误的一章，纳入了稻草人的变体（"挑疯子"和把反对方激进化）以及反唇相讥。
- 更新了附录 D "哲学论文研究"，新增 "评估网络资源"一节。
- 在第八章中添加了 "区分常见易混淆词"一节。
- 新增了两个文本框："如何进行网络辩论"和 "当党派偏见毁了你"。
- 改进了附录 B "列出资料来源"中的一些观点。

目录

中文版总序   1
前　言   3
本版新内容   7

第一部分　阅读和写作

第一章
如何进行哲学阅读   003

什么是哲学   003
哲学阅读   009
  规则 1-1　以开放的心态对待文本   009
  规则 1-2　积极而批判性地阅读   011
  规则 1-3　先识别结论，再识别前提   012

规则 1-4　撰写论证提纲、转述或总结　　　013
　　　规则 1-5　评估论证并形成初步判断　　　015
　撰写转述或总结　　　016
　应用规则　　　021

第二章
如何阅读某个论证　　　027

　前提和结论　　　027
　评判论证　　　035
　　　规则 2-1　了解演绎论证和归纳论证的基础知识　　　036
　　　规则 2-2　确定结论是否可以从前提得出　　　039
　　　规则 2-3　确定前提是否为真　　　052
　应用规则　　　054

第三章
哲学写作的风格和内容规则　　　060

　规则 3-1　针对读者写作　　　060
　规则 3-2　避免装腔作势　　　062
　规则 3-3　正确看待哲学家的权威　　　064
　规则 3-4　不要夸大前提或结论　　　065
　规则 3-5　公平对待对手和反对观点　　　067
　规则 3-6　清晰地写作　　　069

规则 3-7	避免不恰当的诉诸情感	072
规则 3-8	谨慎假设	074
规则 3-9	以第一人称写作	075
规则 3-10	避免带有偏见和歧视性的语言	075

第四章
论证性文章对论点的辩护　　082

论文的基本结构　　083
　　引　言　　083
　　支持论点的论证　　086
　　对反驳的评估　　087
　　结　论　　088
撰写论文的各步骤　　089
　　一篇精心构建的论文　　091
　　步骤 1　选择一个主题，并将其缩小为一个具体问题　　098
　　步骤 2　研究该问题　　100
　　步骤 3　撰写论点陈述　　101
　　步骤 4　创建整篇论文的提纲　　103
　　步骤 5　撰写初稿　　106
　　步骤 6　仔细检查并修改初稿　　111
　　步骤 7　完成终稿　　112
附带注释的范文　　113

第五章

避免谬误推理　　　　　　　　　　　　118

稻草人	119
诉诸个人	120
诉诸流行	121
诉诸传统	122
生成谬误	123
含糊其词	124
诉诸无知	125
虚假两难	126
乞题	127
草率概括	129
滑坡	130
合成	131
分割	131
反唇相讥	132

第六章

使用、引用资源，注明出处　　　　　134

规则 6-1	知道何时以及如何引用资源	134
规则 6-2	不得剽窃	139
规则 6-3	谨慎注明出处	141
规则 6-4	必要时建立参考书目	142

第二部分 参考指南

第七章

写出有效的句子　　　　　　　　　　　　　145

规则 7-1	使主语和动词在数量和人称上一致	145
规则 7-2	以并列的形式表达并列的思想	149
规则 7-3	写完整的句子，而不是片段	151
规则 7-4	正确连接独立分句	153
规则 7-5	删除"枯木"	156
规则 7-6	把修饰语放在该放的地方	158
规则 7-7	时态、语态、数量和人称要一致	162
规则 7-8	明确表达代词所指	165
练习：写出有效的句子		169

第八章

选择正确的词语　　　　　　　　　　　　　171

规则 8-1	精确选择名词和动词	171
规则 8-2	优先使用主动语态	171
规则 8-3	使用具体词语	173
规则 8-4	避免冗余	173
规则 8-5	注意词语的内涵	174
规则 8-6	学会区分写作者经常混淆的词语	176

V

规则 8-7 力求新颖，避免陈词滥调	179
规则 8-8 不要混用比喻	181
规则 8-9 提防拙劣的重复	182
规则 8-10 拼写正确	183
规则 8-11 区分常见易混淆词	184
练习：选择正确的词语	188
致 谢	191
附录 A：论文格式编排	193
附录 B：列出资料来源	201
附录 C：练习的答案	219
附录 D：哲学论文研究	223
译后记	239
索 引	249

第一部分

阅读和写作

READING AND WRITING

第一章　如何进行哲学阅读

要想进行哲学写作，得先学会哲学阅读。要想进行哲学阅读（也就是**真正理解并欣赏**），你就必须摒弃使哲学显得沉闷无趣、难以理解、无足轻重的那些错误观念，必须摒弃关于哲学的神话，这些神话使哲学看起来像一个黑暗而遥远的岛屿，远离正常航线，几乎不值得花时间前往。

你也必须愿意给哲学一个机会，试着去看古往今来无数人从哲学中看到了什么。哲学思想改变了世界，改变了无数人（不仅仅是哲学家）的生活，启发文化，推动历史。你一定要试着了解人们在为哪些事"大惊小怪"。

哲学家（那些最了解哲学的人）会告诉你，学习哲学的辛苦是非常值得的。但你不应该相信他们的话。你应该尝试自己探索概念领域，而本章就旨在帮助你入门。

什么是哲学

无论哲学是什么，它都是一门学科，一个研究的领域。它关注的是审视最基本的信念，这些信念构建了我们的生活，塑造了我们的世界观，并且是所有学科的基础。生理学家可能想知道我们的大脑是如何工作的，而哲学家则会提出更深层次的问题——

大脑与心灵是否同一。律师可能会研究得克萨斯州如何执行死刑，但哲学家会问死刑是否为道德所允许。医学家可能想知道人类胎儿是如何发育的，但哲学家却会问胎儿有何道德地位。天体物理学家可能会研究宇宙大爆炸，认为正是这场大爆炸使宇宙得以产生，但哲学家会问，宇宙大爆炸是否表明宇宙由上帝创造。有人可能会想知道，为保护朋友而撒谎是对还是错，但哲学家却会问，**什么因素决定**行为的对错。你可能会思考战争和饥荒带来的可怕罪恶，但哲学家会问，这些罪恶能否与一位全能、全知、全善的上帝的存在相一致。

这些观点揭穿了关于哲学的一个常见谬见——哲学是一种无关紧要的工作，是在一些小事上自命不凡的练习，而与现实生活无关。显然，如果哲学关注的是刚才列举的那些问题，那么它关注的确实是非常重要的问题。虽然哲学关注的问题一般来说回答起来非常困难，但是，难题与琐碎的问题是两码事，认真尝试回答问题并不会让你变得自命不凡。

请注意，哲学主要关注的不是什么**致使**你拥有特定的信念，而是**某个信念是否值得相信**。强烈的情感、同龄人的压力和文化的影响都可能让你接受某些观点。但哲学要解决的重要问题是，这些观点是否值得相信。如果有**好的理由**接受一个信念，那么这个信念就值得相信或接受（见第二章）。接受信念的理由越好，信念就越可能为真。哲学是对理解的广泛的批判性探索，非常适合对信念进行这种更深层次的评估。

人们有时会在狭义上使用**哲学**一词，如"我有不同的人生哲学"。在这里，哲学指的是**世界观**（**worldview**）。世界观是一套基本观念，帮助我们理解生活中的各种重要问题。世界观为我们定义了什么是存在的，什么是应该的，以及什么是我们可以知道的。

关于世界观的一个有趣事实是，我们每个人都有自己的世界观，即对什么存在，什么不存在；什么样的行为是对的，什么样的行为是错的；什么样的主张我们可以知道，什么样的主张我们不能知道，都有一定的看法。连"拒绝所有的世界观"本身也是一种世界观。因此，至关重要的问题不是我们是否有世界观，而是我们的世界观是否值得拥有，构成我们世界观的信念是否为真。既然我们的生活要由我们的哲学指导，那么我们的世界观最好是好的。使用广义的哲学是我们评估狭义哲学的最佳方式。

我们在特定时空出生在这个世界上，沉浸于特定文化的观念和价值中，接受或真或假的已有信念，而我们可能从未想过要去质疑它们。哲学可以帮助我们摆脱这种困境，超越看待一切事物的那种受阻的狭隘立场。它可以帮助我们用理性的眼光审视我们未经检验的信念，超越蒙蔽我们的偏见，弄清真相。通过使用哲学方法，我们可以了解到，我们有一些信念有坚实的根据，而另一些则没有。无论是哪种情况，通过哲学，我们的信念都会变成真正属于我们自己的信念，我们也能更完全地掌控自己的人生道路。

正如你所看到的，作为一门学科，哲学既广泛又深刻，但并非一成不变。最重要的是，哲学是一个**过程**，是对基本信念的仔细而系统的研究。当我们参与这个过程时，我们就是在"做哲学"，就是在做伟大的哲学家和普通人几千年来一直在做的事情。更确切地说，"做哲学"主要是系统地运用批判性推理来探索基本问题的答案，澄清概念的含义，以及阐明或评估逻辑论证。

澄清概念的含义非常重要，因为我们只有理解一个信念或陈述的内涵后，才能评估其价值。很多时候，我们可能认为自己已经理解某个概念，直到我们更仔细地进行研究后才发现不是这样。例如，什么是"正义"？它是指平等地对待每一个人，还是给予他们应得的，抑或是让最多的人获得最大利益？哲学为我们提供了仔细进行研究的工具。然而，"做哲学"中更重要、更有特色的部分是对论证的评估。正如你在第二章中会看到的，在哲学中，**论证**（argument）一词并不是指强烈的分歧或情绪化争吵。[①] 在哲学中，论证是一个陈述或主张，加上旨在支持该陈述的其他陈述。被支持的陈述是结论（conclusion），支持结论的陈述是前提（premises）。前提旨在为我们提供相信结论为真的理由。好的论证能为我们接受结论提供好的理由；而糟糕的论证则无法提供好的理由。在哲学和其他任何理性探究中，接受没有好理由的结论（陈述）是基本的推理错误。相信没有好理由的陈述会导致错误；而出于好理由相信一个陈述，会让你有更多机会发现真理。因此，在各个领域，论证都是推动知识进步的动力。

哲学的划分

哲学领域致力于回答一些人们可以想出的最棘手、最根本的问题。从广义上讲，哲学的关注范围简直无所不包。哲学的研究主题

---

① argument 一词既有"论证"的意思，也有"争吵"的意思。——译者注

分为四个主要部分，每个部分自身就是一个研究分支，还有许多子部分。以下是这几部分的简要介绍，同时举例说明每个部分会提出哪些类型的问题。

- **形而上学（metaphysics）**是对实在的研究，是对宇宙和宇宙中事物本质的探究。尽管形而上学必须考虑科学的研究成果，但它一般侧重于科学无法解决的基本问题。**它所感兴趣的问题是**：心灵与身体是同一的吗？人有自由意志吗？上帝是否存在？因果关系的本质是什么？科学是客观的吗？

- **价值论（axiology）**是对价值的研究，包括审美价值和道德价值。对道德价值的研究被称为**伦理学（ethics）**。伦理学的研究涉及对道德判断、美德、义务和道德理论本质的探究。**它所感兴趣的问题是**：什么使一个行为正确（或错误）？哪些道德原则应指导我们的行动和选择？什么东西在本质上是好的？杀人是否为道德所允许？道德标准是客观的还是主观的？

- **认识论（epistemology）**是对知识的研究。**它所感兴趣的问题是**：什么是知识？知识需要确定性吗？我们在什么情况下有正当理由说"我们知道某事"？经验是知识的来源吗？

- **逻辑学（logic）**是对正确推理的研究。**它所感兴趣的问题是**：得出正确推论的规则是什么？演绎论证的本质和结构是什么？如何使用命题逻辑或谓词逻辑来评估论证？推理依赖于哪些逻辑原则？

因此，当我们做哲学时，我们很可能要在某个时刻与论证打交道。我们要么试图设计一个论证支持一个陈述，要么试图评估一个论证，看看是否真的有好的理由接受它的结论。当然，这个过程的一部分是在与他人的严肃讨论中完成的，或者是在那些试图为棘手的哲学问题寻找答案之人的独自思考中完成的。但是，大量的哲学工作是在纸上完成的，写作者试图在论文、文章或其他类型的文本中创造或评估论证。本书的目的就是帮助你学习如何完成这项任务，甚至在其中表现优异。

试图写出好的哲学论文是有益处的。首先，哲学写作会带来一些有趣的发现，有的令人不安，有的则精彩纷呈。通过设计和评估论证的过程，你可能发现你珍视的信念站不住脚，或者别人的论证是错误的，又或者你以为可疑的论点实际上是可靠的。你甚至可能会对某个你一直感到困惑的问题取得一些非凡的见解。也许对大多数人来说，哲学写作是思考哲学的最佳方式。其次，你有可能成为更好的思考者。哲学思维是一种系统的、分析性的、富有成效的思维，你可以将其运用到许多日常情况和研究领域中。最后，你可能会更好地理解和欣赏过去伟大思想家的重要思想。理解这些有力的思想是何等重大，能使人深感满足，甚至能解放人心。伟大的思想可以让人们超脱看待世界的惯常角度，从这个有利的角度，他们可以看得比他们想象的更远。

哲学阅读

在某些方面,哲学阅读就像许多其他领域的文献阅读一样。它需要大量的抽象思维,经常涉及困难的概念或不同寻常的命题,可能让第一次接触这门学科的人心生畏惧。但在其他方面,哲学阅读又是相当独特的。当你阅读一篇哲学文章时,你并不是像阅读科学文本或技术报告那样,只是试图从中获取一些事实;你也不是像阅读悬疑小说那样按照故事情节来阅读(尽管哲学文章有时也包含一些谜团)。在大多数情况下,你是在跟随论证的步骤,试图了解作者想要证明什么结论,他/她是否成功证明了结论。在这个过程中,你可能会遇到几个前提及其附带的分析、澄清、解释和例子。你甚至会进入一连串的论证。最后,如果你读得好,作者写得好,那么你就不是得到一组新数据或了解一个故事的结局,而是认识到——甚至可能会出乎意料地发现——一个结论是否值得相信。

学习如何做好哲学阅读的最好方法,就是经常进行哲学阅读。在你当前的哲学课程中,你可能有很多机会这样做。不过,如果有一些规则来指导你的阅读,可能有助于你少走弯路。在阅读过程中,请牢记以下几点。

规则1-1 以开放的心态对待文本

如果你是第一次学习哲学,那么你很可能(至少在一开始)会发现很多材料都很难懂、奇怪或令人恼火,有时三者都有。这很正常。哲学是一场探索，探索的是我们对基本事物认知的崎岖前沿，这一新领域中的很多东西可能看起来令人生畏或陌生。此外，第一次进入这片领域时，你也很有可能感到烦恼，甚至是愤怒，因为你有时可能不赞同你读到的内容。

出现这些反应并不丢人，它们是探索这个领域时的自然反应。但是，如果你想在哲学方面取得进步，写出好论文，你就需要尽最大努力抵制这些态度和情绪。请记住，哲学的最高境界是公正无畏地探求真理。任何妨碍这一崇高追求的东西都必须加以克服和抛弃。下面是一些关于如何做到这一点的建议：

- 在完全理解文章的观点或论证并对其进行理性公正的思考前，避免对其做出判断。确保你阅读文章的目的不是为了证伪（或证实）结论。这篇文章可能会给你好的理由，改变你对某些事情的看法，你对这种可能性要抱有开放的态度。

- 尽量对作者保持中立态度，假定他/她既不是对的也不是错的，既不是罪人也不是圣人。不要假定著名哲学家所说的每句话都必定是真的，也不要预设你不喜欢的哲学家所说的每句话都必定是假的。要像对待与你讨论严肃问题的朋友一样，给予作者同样的关注和尊重。

- 如果你在阅读一位著名哲学家的作品时，发现自己认为他/她的观点显然是愚蠢或荒谬的，那么请再想一想。你很有可能误解了你所读的内容。更明智的做法是，假设文章提供了有价值的东西（即使你不同意它），你需要更仔细的阅读。

- 一旦你对作者观点的价值做出了判断，请扪心自问，你有什么理由支持这一判断。如果想不出任何理由，那么你的判断就值得怀疑。请重新考虑你的评估。

规则 1-2 积极而批判性地阅读

哲学阅读是紧张的，不能操之过急，不能囫囵吞枣。它不能在你头脑放空时进行。重复一遍：当你进行哲学阅读时，你通常是在努力追随一个（或多个）论证的曲折发展，从前提到结论，往往还要经过主线之外的分析、说明、解释、离题和推测。你需要最终理解和欣赏作者的作品，需要最终知道作者想要证明什么，以及他们是否已经做到了这一点。行走在这条路上需要专注和毅力。

哲学阅读是积极的阅读。你不能仅仅为了完成一篇文章的阅读而去阅读，你必须花时间问问自己：文章的关键术语和段落的含义是什么？论证是如何布局的？中心论点是什么？前提在哪儿？某些关键观点是如何联系在一起的？主要结论是否与你所知道的正确命题相冲突？甚至还要问：这些材料与同一主题的其他哲学作品相比情况如何？

哲学阅读也是批判性阅读。在批判性阅读中，你要问的不是事物的含义，而是陈述是否为真，推理是否可靠。你要问的是：结论是否真的能从前提得出？前提是否为真？对一个术语的分析是否真的有意义？是否有哪个论证被忽略了？类比是否薄弱？关键主张是否有反例？以及，这些主张与你有好的理由相信的其他事情是否一致？

在阅读小说时，为了故事情节的需要，你必须经常"悬置怀疑"。也就是说，为了更好地欣赏故事，必须努力摒弃对叙事真实性的怀疑，并假装故事可能真的发生。但在哲学阅读中，你绝不能以这种方式悬置怀疑。这项操练的全部意义在于，发现各种主张是否值得接受。

积极地、批判性地进行哲学阅读需要花时间，大量的时间。你根本无法快速地阅读，你必须慢慢地、从容不迫地阅读（可能还要做很多笔记和强调标记）。速读是不可能的，略读则毫无意义。即使以蜗牛般的速度阅读，你也可能需要重读材料，也许要重读好几遍。你需要尽可能多地反复阅读，以求完全理解文本。

规则1-3　先识别结论，再识别前提

当你刚开始阅读哲学文本时，你可能会觉得它们就像由命题组成的黑暗丛林，一进去就会迷失方向。但是，情况其实并没有那么糟糕。我们已经知道，在论证性文章（你在哲学中最有可能遇到的那种文章）中，你可以依赖于一个论证，一个得到前提支持的结论。当然，可能有好几个论证来支持主要论证，论证也可能很复杂，但这些"结论+前提"的组合将成为可识别的路标。因此，如果要穿过丛林，就必须首先识别有哪个（或哪些）论证。要做到这一点，关键在于**先找到结论，再寻找前提**。（第二章详细介绍了如何识别各种论证，即使这些论证隐藏在大量非论

证性的散文段落中。)

找到主要结论时,你也就确定了文章的主要观点,然后你就拥有了关于文章其余部分所起作用的最重要的线索。一旦发现了作者试图证明的观点,找到支持观点的前提就容易多了。而分离出前提后,找到解释和扩充前提的文本也就容易多了。因此,关于一篇哲学文章,你可以问的第一个也是最重要的一个问题是:"作者试图证明什么主张?"

规则 1-4　撰写论证提纲、转述或总结

理解文章的论证非常重要,因此检验自己是否真正"理解论证"很关键。你可以通过撰写论证提纲(outlining)、转述(paraphrasing)或总结(summarizing)来检验自己对论证的掌握程度。如果你能在提纲中列出论证的前提和结论,或者能准确地对论证进行转述或总结,那么你对它的理解可能就相当不错了。很多时候,自认为理解了某个论证的学生会惊讶地发现,他们无法撰写适当的提纲或总结。这些失败表明,虽然在某些人看来,撰写提纲、转述或总结似乎没有必要,其实不然——至少对那些初学哲学的人来说不是这样。

撰写论证提纲意味着识别前提和结论,并以能揭示其间关联的提纲模式将其梳理出来。每个组成部分都应该用一个完整的句子来表述。在这种模式中,每个前提独立成行,按顺序排列,最后一行是结论。就像这样:

前提 1

前提 2

前提 3

结论

如果前提本身有论证支持（其中前提就是结论），那么提纲可能如下所示：

主要前提 1

 支撑前提 a

 支撑前提 b

主要前提 2

 支撑前提 a

 支撑前提 b

 支撑前提 c

主要前提 3

结论

你对这些观点的阐述，可以用文章的原话，也可以用自己的话。请记住，这种提纲不是整篇文章的概述，只是论证本身的概述。（整篇文章的提纲可能包括论证部分之外的其他要点。）然而，很多时候论证的提纲和整篇文章的提纲几乎完全相同。无论如何，只有在完全理解论证的情况下，你才能理解文章的其他部分（例如，介绍性的背景信息或扩展性的结语）。

对有些学生来说，对论证进行转述或总结比写提纲更有帮助。在转述中，你要用自己的方式对论证进行准确临摹，用自己的语言和表达方式重新表述论证。在总结中，你要对论证进行转述和浓缩，将论证提炼成比原文更少的文字。通过成功的转述或总结，你可以证明自己的确理解了论证。（有关这些技巧的更多指导，请参阅下一节"撰写转述或总结"。）

哲学阅读的五个常见错误

1. 以阅读技术报告或小说的方式进行哲学阅读。
2. 预先判断文章的论证或作者。
3. 不对所读内容进行评估。
4. 试图速读或略读。
5. 不是积极而批判性地阅读。

规则 1-5 评估论证并形成初步判断

进行哲学阅读时，理解只是第一步。你还必须做一件让许多初学者感到既困难又陌生的事：你必须对所读内容做出有理有据的判断。仅仅重申作者所说的话是不行的。**你自己的**判断才是最重要的。这种判断主要是你对作者提出的论证所做的评估，评估结论是否可以从前提得出，前提是否为真。只有当这两个问题的答案都是**肯定**的时候，你才能说论证的结论值得接受。当老师要求你评论一篇哲学论证性文章时，他/她所期望的正是这种评价。

当然，一篇哲学文本所包含的不止是一个论证骨架。文章通常会用相当大的篇幅来解释所讨论主题的背景或历史，阐述每个前提，讨论论证结论的意义，并回应对文章要点可能提出的批评。当然，在阅读和评估哲学文章时，你必须考虑到这些因素。但是，你的首要任务是对文章的核心主张做出有理有据的诚实评估。

撰写转述或总结

为什么应该努力掌握对文章论证的转述或总结？有三个理由。第一个理由你已经知道：转述或总结可以加深你的理解。第二个理由是，论文考试通常要求你对哲学家的著作进行转述或总结，你需要拥有这些技能才能在论文考试中取得好成绩。第三，在你撰写的几乎每篇哲学论文中，你都需要重述或压缩论证。因此转述和总结是必须掌握的。

在好的论文中，写作者往往会对其他作家的观点进行转述或总结，因为他们自己的措辞比原文更清晰。有时总结一段话的原因是原文太长，无法逐字引用，但其主要观点值得一提。然而，无论是转述还是总结，作者都会注意提示读者。正如引文应该在论文中正确引入和解释一样，转述和总结也必须如此。绝不应让读者猜测是谁提出的观点，这段转述或总结的含义是什么，或者它与论文的其余部分有何关系。转述或总结的第一步是理解文本。在读完文章并认为自己完全理解之前，不要开始写作。换句话说，在遵循规则 1-2 之前，即积极而批判性地阅读之前，不要尝试转述或总结。

转述是对文本的改写——准确地表达文本的含义，但要用**你自己的**语言来表述，而不是几乎不加修改地直译作者的话。转述不是压缩，因此在大多数情况下，你所做的任何转述所包含的字数都应接近原文的字数。

转述时，要努力抓住段落的要点——也许只是简要概述了论证内容的那个段落，也许是论文中讨论要点的一节，甚至可能是整篇文章，需要逐点转述。如果想深入理解哲学家的观点，最好的方法莫过于转述整篇文章。

请看下一节的文章中的这段话，然后阅读下面的转述。

段　落

为了更清楚地说明这一点，我们可以考虑另一个问题。在某些社会中，人们认为地球是平的。而在其他社会，比如我们自己的社会，人们则认为地球（大致）是球形的。难道仅仅因为人们的意见不同，地理学中就没有"客观真理"了吗？当然不是；我们绝不会得出这样的结论，因为我们意识到，某些社会的成员对世界的看法可能根本就是错误的。我们没有理由认为，如果世界是圆的，那么每个人都必定知道这一点。同样，我们也没有理由认为，如果存在道德真理，那么每个人都必定知道它。文化差异论（Cultural Differences Argument）[认为由于社会存在道德分歧，因此必然不存在客观道德]的根本错误在于，它试图仅仅根据"人们对某个主题的看法存在分歧"

这一事实，得出关于该主题的实质性结论。[1]

转述 1

雷切尔斯（James Rachels）试图证明，不同社会之间道德价值观的分歧本身并不能说明不存在客观道德。在一些社会中，人们认为地球是平的。而在我们的社会中，我们认为地球是球形的。然而，这种观点冲突的情况并不能说明地理学中不存在客观真理。之所以出现这样的分歧，可能是因为有些人有错误的信念。凭什么认为，如果世界是圆的，那么每个人都必定会认识到这一点呢？同样，如果存在客观的道德真理，我们也没有证据认为，每个人都会知道这些真理。我们必须得出这样的结论：文化差异论的错误在于，我们以为仅仅根据"人们对某件事存在分歧"这一事实，就可得出结论。

这种转述是不可接受的。它相当准确，但与原文词句过于接近。例如，它一字不差地重复了某些部分："人们认为地球是平的""认为地球……是球形的""如果世界是圆的，那么每个人都必定"，以及"仅仅根据'人们对……存在分歧'"。此外，一些并非逐字引用的句子也明显公然模仿了雷切尔斯的句子。对这段话的过度模仿是一个问题，理由有二。首先，它减少了更好地理解文本的机会，因为它仅仅是重复，而不是深思熟虑的、彻底的

---

[1] 节选自 James Rachels, *The Elements of Moral Philosophy* (New York: McGraw-Hill Higher Education, 2003), 20–21. 第二章。

改写。其次,这种转述构成了剽窃。它逐字逐句地重复了雷切尔斯的许多话,却没有用引号将其括起来,而且高度模仿了他的观点和句型,却没有承认雷切尔斯的作品是转述的来源。(见规则6-2和6-3。)

这里有一个更好的转述:

转述 2

雷切尔斯指出,文化差异论是没有根据的,事实上,它是建立在一个错误的基础之上的。他认为,我们不能从"各个社会对道德判断的观点相互冲突"这一事实中推断出客观道德并不存在。为了证明自己的观点,他用了一个不相关领域——地理学的例子。有些社会认为地球是平的,有些则认为地球是球形的。我们能从这种分歧中得出什么结论呢?如果因为人们对地理事实的看法不同,就认为不存在客观的地理事实,那肯定是不合逻辑的。要知道,雷切尔斯说,另一些社会的人们"可能根本就是错误的"。同样,道德上的分歧可能只是表明有些人错了,有些人没有错。因此,没有好的理由接受文化差异论。

这一转述是准确的,没有不恰当地借用雷切尔斯的词语或句型。它包含了引文,并明确指出了哪些观点来自雷切尔斯。

总结必须用寥寥数语准确概括文章的主要观点。要能够用不到150个词概括整篇文章的要点(即前提和结论)。当然,这些词必须是你自己的。

请看同一篇文章中这个较长的选段：

> 文化相对主义（Cultural Relativism）是一种关于道德本质的理论。乍一看，它似乎很有道理。然而，与所有此类理论一样，我们可以通过理性分析对其进行评估；而当我们对文化相对主义进行分析时，我们会发现它并不像初看起来那么可信。
>
> 首先需要注意的是，文化相对主义的核心是某种形式的论证。文化相对主义者使用的策略是从文化观差异的事实出发，论证得出关于道德地位的结论。因此，我们被要求接受这一推理：
>
> 1. 希腊人认为吃死人是错误的，而卡拉提亚人（Callatians）认为吃死人是正确的。
>
> 2. 因此，吃死人在客观上既不是正确的，也不是错误的。这只是一个因文化而异的意见问题。

这段话的正确总结应该准确概括其要点，如下所示：

> 雷切尔斯说，被称为文化相对主义的道德理论可能初看起来可信，但它经不起批判性评估。该理论的主要论点是，由于不同文化的道德观各不相同，因此不存在可以用来评判每个人的客观道德标准。世界上只有因社会而异的不同道德观念。

和转述 2 一样，雷切尔斯的署名是明确的，来源是有据可查的。

应用规则

让我们将上述规则应用到雷切尔斯的整篇文章中。[1] 阅读这篇文章并研究后面的评论。

文化相对主义

詹姆斯·雷切尔斯

1. 所谓文化相对主义挑战了我们对道德真理的客观性和普遍性的一般信念。它实际上是说，道德中并不存在所谓普遍真理；有的只是各种文化准则，仅此而已。此外，我们自己的准则并无特殊地位；它只是众多准则中的一种……

2. 文化相对主义是一种关于道德本质的理论。乍一看，它似乎很有道理。然而，与所有此类理论一样，我们可以通过理性分析对其进行评估；而当我们对文化相对主义进行分析时，我们会发现它并不像初看起来那么可信。

3. 首先需要注意的是，文化相对主义的核心是某种

---

[1] 节选自 James Rachels, *The Elements of Moral Philosophy* (New York: McGraw-Hill Higher Education, 2003)。经 The McGraw-Hill Companies 许可复制。

形式的论证。文化相对主义者使用的策略是从文化观差异的事实出发，论证得出关于道德地位的结论。因此，我们被要求接受这一推理：

4.（1）希腊人认为吃死人是错误的，而卡拉提亚人认为吃死人是正确的。

（2）因此，吃死人在客观上既不是正确的，也不是错误的。这只是一个因文化而异的意见问题。

5. 或者，也可以说：

6.（1）爱斯基摩人认为杀婴没有错，而美国人却认为杀婴是不道德的。

（2）因此，杀婴在客观上既不是正确的，也不是错误的。这只是一个因文化而异的意见问题。

7. 显然，这些论证都是一个基本观念的变体。它们都是一个更普遍的论证的具体例子，该论证是：

8.（1）不同的文化有不同的道德准则。

（2）因此，道德中不存在客观"真理"。对与错只是意见问题，不同文化有不同的意见。

9. 我们可以称之为"文化差异论"。对很多人来说，这是有说服力的。但从逻辑的角度来看，这可靠吗？

10. 这不可靠。问题在于，结论并不是从前提得出的；也就是说，即使前提是真的，结论仍可能是假的。前提涉及人们*相信*什么：在某些社会中，人们相信一件事；而在另一些社会中，人们相信另外的事。然而，结论涉及真实情况。问题在于，从逻辑上讲，这样的结论无法从这样的前提中得出。

11. 再看希腊人和卡拉提亚人的例子。希腊人认为吃死人是错误的，而卡拉提亚人认为吃死人是正确的。难道仅仅因为他们有不同意见，就可以得出关于这件事不存在客观真理吗？不，不能这样说，因为这种做法在客观上可能是正确的（或错误的），而他们中的一方或另一方根本就是错误的。

12. 为了更清楚地说明这一点，我们可以考虑另一个问题。在某些社会中，人们认为地球是平的。而在其他社会，比如我们自己的社会，人们则认为地球（大致）是球形的。难道仅仅因为人们的意见不同，地理学中就没有"客观真理"了吗？当然不是；我们绝不会得出这样的结论，因为我们意识到，某些社会的成员对世界的看法可能根本就是错误的。我们没有理由认为，如果世界是圆的，那么每个人都必定知道这一点。同样，我们也没有理由认为，如果存在道德真理，那么每个人都必定知道它。文化差异论的根本错误在于，它试图仅仅根据"人们对某个主题的看法存在分歧"这一事实，得出关于该主题的实质性结论。

13. 这是一个简单的逻辑问题，重要的是不要误解它。我们并不是（至少现在还不是）说这个论证的结论是错误的。这仍然是一个悬而未决的问题。这里的逻辑问题在于：结论无法从前提*得出*。这一点很重要，因为为了确定结论是否为真，我们需要支持结论的论证。文化相对主义提出了这个论证，但不幸的是，这个论证被证明是谬误的。所以它证明不了什么。

在阅读这篇选文时，如果你认真遵守规则，结果会怎样？下面是一个简短的演示：

规则 1-1：这篇小文章特别适合测试学生以开放的心态对待一篇哲学文章的能力。文章的主题是文化相对主义的常见论证，作者称之为"文化差异论"。文化相对主义认为不存在客观的道德，道德是与个人的文化相关的。换句话说，一个人的行为是否正确，取决于他/她的文化是否认可这种行为。文化差异论是支持文化相对主义的一个流行论证，许多（可能是绝大多数？）大学生都认为这个论证是完全可靠的。因此，你很有可能在阅读这篇文章时会强烈倾向于**支持**这一论证，并**反对**对其进行任何批评。

但是，为了遵循规则 1-1，你需要克制任何不假思索拒绝作者论证的倾向。在阅读和理解论证之前，尽量**不要**预先判断论证的质量。这就意味着要对文化差异论确实错了的可能性持开放态度。

反之，你也不要不假思索地假定作者是对的。詹姆斯·雷切尔斯是哲学界的著名人物，也是一位备受尊敬的人。但这一事实不应预先决定你对其论证的评估结果。

规则 1-2 和 1-3：积极且批判性地（并且反复地）阅读这篇文章会帮助你发现许多事，比如——（1）论点陈述（作者论证的结论）在第 10 段："[文化差异论]不可靠"；（2）前九段不是文章论证的一部分，而只是引出话题并解释要批判的论点；（3）文章的论证有一个明确的前提（"问题在于，结论并不是从前提得出的——也就是说，即使前提是真的，结论仍可能是假的"），该前提首次出现在第 10 段，并在第 11—13 段中得到详细阐述；（4）作者对文化差异论的描述似乎是公平和准确的。

规则 1-4：文章的论证提纲如下：

前提：文化差异论的结论不能从前提得出。
结论：文化差异论不可靠。

规则 1-5：如你所见，这篇文章提出了一个简单的论证。评估论证应该是容易的，如果你了解第二章中讲解的论证的基础知识，就更是如此。评估的首要任务是确定文章的结论是否能从前提得出，以及前提是否为真。这篇文章的结论确实是从前提得出的；从"文化差异论的结论不能从前提得出"这一前提出发，我们很容易得出结论：文化差异论是不可靠的。前提 1 为真；从"不同的文化有不同的道德准则"这一事实中，我们不能得出"道德中不存在客观真理"的结论。

快速回顾：哲学阅读

- 哲学主要关注的不是什么致使你拥有特定的信念，而是这些信念是否值得拥有。
- 哲学帮助你评估自己的世界观。

- 通过哲学，你的信念可以成为真正属于自己的信念，你也可以更完全地掌控自己的生活。
- 在哲学中，论证是一个陈述或主张，再加上旨在支持该陈述的其他陈述。
- 对哲学的有效阅读需持开放心态，用积极和批判性的方法，识别结论和前提。
- 撰写提纲、转述或总结可以加深你对哲学论文的理解。

第二章　如何阅读某个论证

在很大程度上，哲学的阅读和写作就是论证的阅读和写作，因为逻辑论证是哲学的核心。我们做哲学时，通常不是在评估论证，就是在构建论证。我们阅读的哲学文本很可能包含论证，而我们对文本的理解将取决于我们识别和理解这些论证的能力。大多数情况下，我们所写的哲学论文，其质量很大程度上取决于我们精心设计的论证的质量。因此，学习逻辑论证的基础知识是理解哲学文本和写好哲学论文的先决条件。本章将告诉你如何从非论证性的散文中找出论证，评估不同类型论证的质量，设计出好的论证，并在看到有缺陷的论证时将其识别出来，从而让你朝着正确的方向前进。

前提和结论

陈述（statement）或主张是对某事是否如此的断言。这是一种**非真即假**的话语。以下都是陈述：

　　院子里长着一棵树。
　　我感到震惊和沮丧。
　　2+2=4
　　时间能治愈一切创伤。

宇宙有 150 亿年的历史。

然而，这些不是陈述：

为什么有一棵树长在院子里？
你为什么感到震惊和沮丧？
别再犯傻了。
天啊！

前两句话是疑问句；第三句是命令或请求；第四句是感叹。这些都不是能够为真或为假的事情。

论证是一系列陈述的组合，其中一些陈述旨在支持另一个陈述。也就是说，在一个论证中，一些陈述旨在提供理由让我们相信另一个陈述为真。我们把声称提供支持的陈述称为**前提**；把声称得到支持的陈述称为**结论**。

理性的生物所从事的一项基本工作，就是试图确定在何种程度上相信某一陈述。哲学（以及我们的日常生活）的一个基本原则是，我们对一个陈述的相信程度应取决于支持该陈述的理由的有力程度。一个陈述如果得到强有力理由的支持，就值得我们坚定地接受。一个陈述如果其支持理由较弱，得到的认可也应该较弱。我们应该在多大程度上相信某些陈述和理由？确定这一点的主要方法就是分析论证。这种方法不仅在哲学中，而且在所有知识领域中都是必不可少的。

现在你很可能已经猜到，逻辑论证并不是一般意义上的相互喊叫、激烈辩论或愤怒争吵。在哲学和其他类型的智力探索中，论证是指用理由去支持结论，完全不同于日常意义上的争吵。

我们还必须区分逻辑论证和说服。它们**不是**同义词。提出论证是去证实"结论（陈述或信念）有根据、值得接受"的一种方法。这种证实可能会、也可能不会说服别人接受结论；论证是否有说服力完全是另外一回事。相反，你也许可以通过使用心理或修辞花招、情绪化语言、诉诸谬误、武力威胁、欺骗以及许多其他伎俩来说服别人接受某个陈述。但是，如果你是这样做的，那么这并没有表明这个陈述值得相信，因为你没有提供任何理由来使人接受它。

下面是一些论证：

论证 1
  骑士精神已死。我的老师是这么说的。

论证 2
  如果密歇根队获胜，体育场就会发生骚乱。他们肯定会赢，所以肯定会发生骚乱。

论证 3
  98%的学生都是保守派。琼是个学生，所以她很可能也是保守派。

论证 4
  人终有一死。苏格拉底是人。因此，苏格拉底会死。

现在，让我们分别标出每个论证的前提和结论：

论证 1

［结论］骑士精神已死。

［前提］我的老师是这么说的。

论证 2

［前提］如果密歇根队获胜，体育场就会发生骚乱。

［前提］他们肯定会赢。

［结论］所以（so）肯定会发生骚乱。

论证 3

［前提］98% 的学生都是保守派。

［前提］琼是个学生。

［结论］所以（so）她很可能也是保守派。

论证 4

［前提］人终有一死。

［前提］苏格拉底是人。

［结论］因此（therefore），苏格拉底会死。

请注意，这些论证在各部分的位置和数量上有所不同。在论证 1 中，结论在先，前提在后。在其他三个论证中，结论在最后。论证 1 只有一个前提，而论证 2、3 和 4 则各有两个前提。问题的关键在于，论证有各种各样的结构。一个论证可能只有一个前提，也可能有两个、十个或更多。有时，一个前提（甚至结论）是没有明说的，有待读者去填补空白（关于揭示隐含前提的内容，稍后详述）。但无论结构如何，所有论证都必须有一个结论和至少一个前提。只要满足这一要求，论证就可以千变万化。

现在来看看这段话：

股市暴跌。经纪人人心惶惶。道琼斯指数跌至十年来的最低点。我们很害怕这一切。

这里有论证吗？如果有，结论在哪里？前提在哪里？唉，这个关于股市的短评并不是一个论证。这段话由一系列陈述组成，看不到结论。没有任何陈述得到其他陈述的支持。

然而，要把这些陈述变成论证却很容易。请看：

论证5

股票和债券的世界正处于艰难时期，因为（because）股市暴跌，经纪人人心惶惶，道琼斯指数跌至十年来的最低点。

这段话现在是一个真正的论证。结论是"很明显，股票和债券的世界正处于艰难时期"。后面的三个陈述支持了这个结论。

评估论证的四个常见错误

1. 不能区分论证的逻辑结构和前提的真实性。
2. 认为仅仅陈述观点与提出论证是一回事。
3. 认为说服别人接受一个主张和提出论证是一回事。
4. 不能区分论证和非论证材料。

有能力区分论证和非论证材料,这是一项非常宝贵的技能,掌握得越早越好。你经常会遇到这样的段落,它们似乎在某个地方隐藏着论证,但实际上并没有。许多人(你也是其中之一吗?)认为,如果他们清楚而坚定地阐述了自己的观点,他们就已经给出了一个论证。有时,他们会在整篇文章中写下许多精心制作的陈述和有趣的观点,以为自己的论证很有说服力——但其实根本没有任何论证。这些文章尽管连篇累牍,却无法提供一个好理由让读者接受任何论断。正如我们所看到的,一堆没有根据的陈述并不能构成论证。要形成论证,至少要有一个陈述能提供理由,使人接受另一个陈述。

现在请看这段话:

> 约翰逊绝对是本州有史以来最糟糕的州长。我不明白怎么会有人在报纸上看到州长的"事迹"后还支持他。难道这个州的公民还没有受够州长的丑闻和腐败吗?我对约翰逊的无耻行为和明显的无能感到震惊。

作者提出论证了吗?还是没有。这段话无疑是在表达不满,甚至可能是愤怒和厌恶。但是,作者并没有提出任何有支持理由的主张。不过,只要稍加改动,我们就可以将这段话变成一个论证:

论证 6

约翰逊绝对是本州有史以来最糟糕的州长。他挪用了州财政的资金。他破坏了本州的经济,还利用职权迫害他不喜欢的人。我对约翰逊的无耻行为和明显的无能感到震惊。

如果我们把论证摊开，以便更清楚地了解其结构（也就是说，如果我们列出它的提纲），论证就会是这样的：

前提1：他挪用了州财政的资金。
前提2：他破坏了本州的经济。
前提3：他利用职权迫害他不喜欢的人。
结论：约翰逊绝对是本州有史以来最糟糕的州长。

请注意，这段话的最后一句没有出现在论证提纲中，因为它不是论证的一部分，不能支持结论。它只是表达了作者对州长不法行为的反应。

逻辑论证往往与各种非论证材料——引言、解释、赘述、描述、旁白、示例等等打包在一起。诀窍在于将前提和结论从所有其他材料中分离出来。一旦你确定了前提和结论，那么发现无关材料就相当简单了。

如规则1-3所述，找出论证最简单的方法是先找结论，再找前提。如果你能注意到**指示词**（indicator words），聚焦于结论和前提就会容易得多。指示词通常与论证一起出现，表明结论或前提可能就在附近。论证2—5有几个指示词。论证2和3中的指示词"so"指出了各自的结论。在论证4中，指示词"therefore"告诉我们结论紧随其后。在论证5中，指示词"because"表明了三个前提的存在。

下面是一些结论的指示词：

> consequently, as a result（结果是）
> thus, hence（于是）
> therefore, so（因此）
> it follows that（可以得出），which means that（这意味着）

下面是一些前提的指示词：

> in view of the fact（根据事实），assuming that（假定）
> because（因为），since（既然）
> due to the fact that（由于这一事实），for（因为）
> the reason being（理由在于），given that（鉴于）

请记住，指示词并不能保证结论和前提的存在。它们只是一种提示符号。

最后还有一个问题你应该明白：有些论证有未明说或隐含的前提，有些甚至有未明说的结论。例如：

论证 7

任何支持对少年犯处以死刑的法官都是《权利法案》的敌人。辛普森法官绝对是《权利法案》的敌人。

这个论证的结论是"辛普森法官绝对是《权利法案》的敌人",而唯一的前提就是第一句陈述。但从前提到结论似乎存在逻辑上的跳跃,缺少了一些东西。只有插入额外前提去弥补这个漏洞,结论才能符合逻辑,像这样:

论证 7A

任何支持对少年犯处以死刑的法官都是《权利法案》的敌人。辛普森法官支持对少年犯判处死刑。因此,辛普森法官绝对是《权利法案》的敌人。

现在,我们既可以看到已陈述的前提,也可以看到未提及的前提,从而可以进行完整的评估。

每次评估论证时,都应该把任何隐含的前提公之于众。找到隐含前提会让评估变得更容易。它还能帮助你避免落入逻辑陷阱。未明说的前提往往是可疑的或错误的。你不该让有问题的前提被忽视。

评判论证

在第一章中,我们看到了以开放的心态对待哲学文本(规则1-1)、积极而批判性地阅读(规则1-2)、先识别结论再识别前提(规则1-3)、撰写论证提纲或转述或总结(规则1-4),以及评估论证并形成初步判断(规则1-5)的重要性。你可能最害怕规则1-5,其实大可不必。以下规则详细阐述了规则1-5,并详细介绍了系统评估论证的更多技巧，即使是隐藏在大量无关材料中的复杂论证也不例外。

规则 2-1　了解演绎论证和归纳论证的基础知识

正如我们在第一章中看到的，好的论证能为我们提供好的理由来接受结论，而糟糕的论证无法提供好的理由。要想区分它们并始终如一地做到这一点，你需要了解论证的不同形式。

论证有两种基本类型：**演绎论证**（deductive arguments）和**归纳论证**（inductive arguments）。演绎论证应该为其结论提供逻辑上**确凿的**支持。如果一个演绎论证确实能够为其结论提供逻辑上确凿的支持，那么它就是**有效的**（valid）。如果它不能为结论提供逻辑上确凿的支持，那么它就是**无效的**（invalid）。一个演绎论证如果有效，就具有这样的特征：如果其前提为真，那么其结论**必定为真**。在一个有效的论证中，**不可能出现前提为真而结论为假的情况**。请注意，**有效**不是**为真**的同义词。一个有效的论证只是具有这样一种结构或形式，它能**保证**如果前提为真，结论也为真。因此，一个有效论证的结论**是从前提得出的**。

来看看这个简单的演绎论证：

论证 8

　　所有的士兵都是勇敢的。

　　罗伊是一名士兵。

　　因此，罗伊是勇敢的。

在这个论证中，你可以看到，如果前提为真，那么结论必定为真。保证这一结果的是论证的形式，而不是内容。请注意，第一前提实际上是假的，但论证仍然有效。我们可以在这个论证中插入完全不同的语句，但只要形式不变，论证就仍然有效。

请看这个演绎论证：

论证 9

如果偷窃会伤害人，那么它在道德上就是错误的。

偷窃确实会伤害人。

因此，偷窃在道德上是错误的。

这个论证也是有效的。如果"**如果偷窃会伤害人，那么它在道德上就是错误的**"为真，"**偷窃确实会伤害人**"也为真，那么结论（**偷窃在道德上是错误的**）就一定为真。

传统上，哲学家们用字母来代表演绎论证的各个部分，以此来表示演绎论证的形式。那么，论证 9 的形式可以这样表示：

如果 p，那么 q。

p。

因此，q。

这里，字母 p 和 q 代表论证中的两个陈述。注意第一个前提是一个复合陈述，它由两个陈述 p 和 q 构成。我们可以在这个有效形式中插入任何我们想要的陈述,如果前提为真,那么结论一定为真。

与演绎论证不同,归纳论证旨在为其结论提供**可能的**支持。如果一个归纳论证成功地提供了很有可能的支持,我们就说它是**强有力的**(strong)。在强有力的论证中,如果前提为真,结论很可能为真。如果一个归纳论证不能为它的结论提供很有可能的支持,我们就说它是**弱的**(weak)。与有效论证一样,强有力的论证的结论也**是从前提得出的**。

因此,归纳论证不能像演绎论证那样保证结论为真。归纳论证只能使其结论很有可能性,也就是说,更可能为真而不是为假。因此,在归纳论证中,有可能出现前提为真而结论为假的情况。

请看这两个归纳论证:

论证 10

这所学校几乎所有的学生都是民主党人。

因此,这里的学生玛丽亚可能也是民主党人。

论证 11

我认识的共和党人中有90%有沃尔沃车。

因此,全部共和党人中可能有90%有沃尔沃车。

论证 10 很有力。如果"这所学校几乎所有的学生都是民主党人"为真,那么玛丽亚也很可能是民主党人。然而,论证 10 可能前提为真而结论为假。

相反,论证 11 是弱的。即使一个人认识的共和党人中有

90% 都拥有沃尔沃车，也不能由此得出**全部**共和党人中有 90% 都拥有沃尔沃车。一个人认识的拥有沃尔沃车的共和党人的样本相对较少，因此我们无法将其状况推广到数以百万计的共和党人身上。

现在，我们可以更准确地说明好论证的特征了。好的论证（无论是演绎论证还是归纳论证）必须推理严密，也就是说，它们必须有效或有力。但好的论证还必须有真前提。除非论证有效或有力，而且所有前提都为真，否则它就不是好论证（不能给我们提供好的理由来接受结论）。一个前提为真的有效的演绎论证被称为**可靠的**（sound）论证。一个前提为真的强有力的归纳论证被称为**有说服力的**（cogent）论证。因此，一个好的演绎论证是可靠的；一个好的归纳论证是有说服力的。

规则 2-2　确定结论是否可以从前提得出

通常，评估论证价值的第一步是确定结论是否可以从前提得出，即论证是否有效或有力。如果结论不能从前提得出，那么这个论证就不能给你好的理由来接受结论。即使前提为真，这个论证也是糟糕的。

很多时候当你检验论证时，你会立刻发现结论是否可以从前提得出。在其他情况下，你可能需要考虑论证的结构。但你往往需要一些帮助来判断论证的好坏——下面几页就提供了这种帮助。

幸运的是，演绎论证常常以某些经典模式出现。这些论证形式或结构会反复出现。熟悉这些模式可以帮助你快速判断论证是否有效。

请看论证9：

论证9

如果偷窃会伤害人，那么它在道德上就是错误的。
偷窃确实会伤害人。
因此，偷窃在道德上是错误的。

我们把这个论证用符号来表示：

如果p，那么q。
p。
因此，q。

这种论证被称为**条件论证**（conditional argument，也称假言论证［hypothetical argument］）。条件论证至少包含一个条件前提或"如果—那么"前提（如果p，那么q）。条件前提的前半部分（**如果**部分）被称为**前件**（antecedent），后半部分（**那么**部分）被称为**后件**（consequent）。论证9恰好是一个经典的条件论证，被称为**肯定前件式**（modus ponens，或 **affirming the antecedent**）。在此类论证中，第二个前提肯定了第一个前提的前件。任何使用这种模式或形式的论证**都是**有效的。因此，如果你遇到一个使用这种模式的论证，你就会知道它是有效的——无论是什么陈述。

另一种经典的条件论证模式被称为**否定后件式**（modus tollens，或 denying the consequent）。请看：

论证 12
  如果猫在垫子上，那就说明它睡着了。
  但它并没有睡着。
  因此，它不在垫子上。

论证 13
  如果心灵等同于大脑，那么破坏大脑就会破坏心灵。
  但破坏大脑并不会破坏心灵。
  因此，心灵并不等同于大脑。

那么，**否定后件**可以这样表示：

  如果 p，那么 q。
  非 q。
  因此，非 p。

任何具有这种形式的论证都是有效的。

下面是一种略微复杂的条件式，被称为**假言三段论**（hypothetical syllogism）：

论证 14
  如果猫在垫子上，那就说明它睡着了。

如果它睡着了,那就说明它在做梦。

因此,如果猫在垫子上,那就说明它在做梦。

假言三段论可以这样表示:

如果 p,那么 q。

如果 q,那么 r。

因此,如果 p,那么 r。

任何具有这种形式的论证都是有效的。

有一种强大而有效的形式,至少从苏格拉底开始,它就一直被用来达到毁灭性的效果。它被称为**归谬法**（**reductio ad absurdum**）。它背后的理念是,如果一个陈述的矛盾命题（否定）导致荒谬或虚假,那么该陈述的否定为假,而陈述本身一定为真。你必须接受这个陈述,因为否定它会让你陷入逻辑困境。因此,如果你想证明一个陈述为真（或为假）,你就需要假设该陈述的否定,并证明它会导致一个荒谬或虚假的陈述。下面是这类论证的形式:

p。

如果 p,那么 q。

非 q。

因此,非 p。

通俗地说,就是假设 p 为真。如果 p 为真,那么 q 一定为真。但是 q 不可能为真(或者说 q 为真是荒谬的),所以 p 一定不为真。举个例子:

> 假设水不能结冰。
> 如果水不能结冰,那么冰就不可能存在。
> 但显然冰是存在的。
> 因此,水可以结冰。

快速复习:有效的条件论证形式

肯定前件

如果 p,那么 q。

p。

因此,q。

假言三段论

如果 p,那么 q。

如果 q,那么 r。

因此,如果 p,那么 r。

否定后件

如果 p,那么 q。

非 q。

因此,非 p。

归谬法

p。

如果 p,那么 q。

非 q。

因此,非 p。

还有一些常见的形式是**无效**的。以下这种被称为**否定前件式**(**denying the antecedent**):

论证 15

如果猫在垫子上,那就说明它睡着了。

它不在垫子上。

因此,它没有睡着。

否定前件可以这样表示:

如果 p,那么 q。

非 p。

因此,非 q。

最后,还有一种无效形式,叫作**肯定后件式**(**affirming the consequent**)。

论证 16

如果猫在垫子上,那就说明它睡着了。

它睡着了。

因此,它在垫子上。

肯定后件可以这样表示:

如果 p,那么 q。

q。

因此，p。

使用这些论证形式来评估演绎论证的最佳方法是记住它们，这样当你遇到这些形式的例子时，就更容易识别出来。然后，你只需将所评估的演绎论证的形式与这些经典形式之一进行匹配。如果论证符合其中一种有效形式，那么它就是有效的；如果符合其中一种无效形式，那么它就是无效的。

快速复习：无效的条件论证形式

否定前件	肯定后件
如果 p，那么 q。	如果 p，那么 q。
非 p。	q。
因此，非 q。	因此，p。

归纳论证也有独特的形式，熟悉这些形式有助于你评估论证。让我们来看看归纳论证的三种常见形式。

在**枚举归纳法**（enumerative induction）中，我们在观察一组事物中的某些成员后，就会概括这组事物的整体情况。下面是一些典型的枚举归纳论证：

论证 17

我在电脑商店买的每张 CD 都有问题。

因此，电脑商店出售的所有 CD 很可能都有问题。

论证 18

我在这个野生动物保护区观察到的所有鹰都有红尾巴。

因此，这个保护区里的所有鹰很可能都有红尾巴。

论证 19

我在波士顿不同地区采访过的波士顿人有 60% 支持堕胎合法。

因此，全部波士顿人中很可能有 60% 支持堕胎合法。

如你所见，枚举归纳法的形式是：

所观察到的 A 组的成员中有 X% 具有属性 P。

因此，A 组所有成员中很可能有 X% 具有属性 P。

观察到的群体成员只是整个群体的一个样本。根据我们对样本的了解，我们可以将这种认识推广到所有的群体成员。但是，我们怎么知道这样的论证是否有力呢？一切都取决于样本。如果样本足够大，又有足够的代表性，我们就可以放心地假设，我们从样本中得出的概括很可能是对整个群体成员的准确反映。只有当群体中的每个成员被纳入样本的机会均等时，样本才能代表整个群体。一般来说，样本越大，其准确反映整个群体性质的可能性就越大。通常情况下，常识会告诉我们什么时候样本太小。

我们不知道论证 17 提到的样本中有多少张电脑商店出售的 CD。但是，如果数量是几十张，而且购买这些 CD 的时间跨度为几周或几个月，那么这个样本就可能足够大且具有代表性。如果是这样，这个论证就很有力。同样，在论证 18 中，我们不知道样本的大小，也不知道样本是如何获得的。但是，如果样本是从保护区内所有可能有鹰栖息的地方抽取的，而且在每个地方都观察了好几只鹰，那么样本很可能是足够的，论证也是有力的。在论证 19 中，如果样本只是由在几个街角受访的少数波士顿人组成，那么样本绝对是不充分的，论证是弱的。但如果样本由几百人组成，如果整个群体中的每个人都有相同的机会被纳入样本，那么样本就足以让我们准确地概括整个群体。通常情况下，从大量人口中挑选这种样本的工作是由专业民意调查机构进行的。

在被称为**类比归纳法**（analogical induction，也叫**类比论证**[argument by analogy]）的论证形式中，我们是以这种方式进行推理的：两个或两个以上的事物在几个方面是相似的，因此，它们很可能在另一个方面也是相似的。请看这个论证：

论证 20

人类可以直立行走，使用简单工具，学习新技能，并设计演绎论证。

黑猩猩可以直立行走，使用简单工具，学习新技能。

因此，黑猩猩很可能会设计演绎论证。

这个论证说，因为黑猩猩在几个方面与人类相似，所以它们很可能在另一个方面也与人类相似。

下面这个类比论证已成为哲学中的经典论证：

论证 21

  手表是一个复杂的机械装置，由许多部件组成，这些部件的排列似乎是为了实现一个特定的目的——这个目的是由手表设计者决定的。同样，宇宙也是一个复杂的机械装置，由许多部件组成，这些部件的排列似乎是为了实现一个特定的目的。因此，宇宙也必定有一个设计者。

我们可以这样表示类比论证的形式：

  X 具有属性 P_1、P_2、P_3 和属性 P_4。
  Y 具有属性 P_1、P_2 和 P_3。
  因此，Y 很可能具有属性 P_4。

  类比归纳的有力程度取决于被比较的两个事物之间恰当的相似性。恰当的相似点越多，结论为真的可能性就越大。在论证 20 中，提及了几个相似之处，但也有一些未被提及的不同之处。黑猩猩的大脑比人类的更小、更原始，这种差异很可能会抑制诸如逻辑论证等高级智力功能。因此，论证 20 是弱的。对论证 21 的一个常见回应是，这个论证是弱的，因为尽管宇宙在某些方面像一只手表，但在其他方面它并不像手表。更明确地说，宇宙像一个生命体。

第三种归纳论证被称为**最佳解释推理**（**inference to the best explanation**），这是我们日常都会使用的一种推理方法，也是科学研究的核心。回想一下，论证提供理由使我们相信某事**如此**。而**解释**则说明事情是**如何**或**为什么**发生的。它试图澄清或阐明，而不是提供证明。例如：

1. 梅根肯定理解了教材，因为她能回答考试中的每一道题。
2. 梅根理解了教材，因为她记忆力很好。

句子1是一个论证。结论是"梅根肯定理解了教材"，而相信结论为真的理由（前提）是"因为她能回答考试中的每一道题"。然而，句子2是一个解释。它并不试图提出相信某事的理由；它没有什么要证明的。它试图表明为什么事情是这样的（为什么梅根理解了教材）。句子2假定梅根理解了教材，然后试图解释原因。这种解释在最佳解释推理中起着至关重要的作用。

在这种归纳论证中，我们从有关要解释的现象或事态的前提开始。然后，我们从这些前提出发，推理出对事态的解释。我们不是随便找个解释，而是试图从几种可能的解释中挑出最好的解释。最佳解释就是最有可能为真的解释。论证的结论是，首选的解释确实很可能是真的。例如：

论证 22

塔里克的哲学课不及格。对他不及格的最好解释就是他没有阅读教材。因此，他很可能没有读过教材。

论证 23

陪审团的女士们、先生们，被告被发现时手里拿着凶器，衣服上有血迹，口袋里还有受害者的钱包。我们有一位证人目击被告在犯罪现场。对所有这些事实最好的解释是被告犯下了谋杀罪。毫无疑问，他有罪。

下面是最佳解释推理的形式：

现象 Q。
E 为 Q 提供了最佳解释。
因此，E 很可能为真。

在任何这种模式的论证中，如果给出的解释确实是最好的，那么这个论证就是强有力的归纳论证。如果这个解释不是最好的，那么这个论证就是弱的归纳论证。如果这个强有力的论证的前提为真，那么这个论证就是有说服力的。如果论证是有说服力的，那么我们就有好的理由相信结论为真。

使用最佳解释推理的最大挑战在于确定哪种解释是最佳解释。有时这很容易做到。如果我们的汽车轮胎瘪了，我们可能很快就能找出这种情况的最佳解释。如果我们看到一个钉子从轮胎上扎了出来，而且没有明显的做过手脚或其他特殊原因的证据

（也就是说，没有很好的替代解释），我们就可以很有把握地得出结论：最好的解释就是钉子扎破了轮胎。

在更复杂的情况下，我们可能需要像科学家评估解释或理论那样，使用特殊的标准来筛选各种可能性。科学家称这些标准为适当性标准（criteria of adequacy）。尽管名字花哨，但这些标准基本上只是常识，是你自己也很可能用过的标准。

其中一个标准被称为**保守主义**（conservatism）。这一标准认为，在其他条件相同的情况下，最好的解释或理论就是最符合已知或既定事实的解释或理论。例如，如果你的一个朋友认真地说，她不用任何火箭或飞船就能登上月球，你很可能不会相信她（甚至可能认为她需要精神病治疗）。你怀疑她的理由很可能是基于保守主义的标准——她说的话与科学界对太空飞行、人体解剖学、空气动力学、自然法则等的一切认识相冲突。从逻辑上讲，她有可能真的能登上月球，但她的说法缺乏保守性（与我们对这个世界已经了解的许多知识相冲突），这让人对她的说法产生严重怀疑。

还有一个判断解释的价值的有用标准：**简洁性**（simplicity）。在其他条件相同的情况下，最好的解释是最简单的，也就是基于最少假设的解释。假设最少的理论不容易出错，因为出错的方式更少。在爆胎的例子中，一种可能（但奇怪）的解释是外星人扎破了轮胎。你很可能不会相信这种解释，因为你必须假设太多未知的实体和过程——也就是说，不知道从哪里来的外星人，用不知道什么方法移动并扎破了你的轮胎。钉子扎进轮胎的理论要简单得多（它没有假设未知的实体或过程），因此更有可能为真。

规则 2-3　确定前提是否为真

当你仔细阅读一个论证时（无论是在文章中还是在其他语境下），你会对"前提是否为真"和"结论是否可以从前提得出"同样感兴趣。认真的作者会尽量确保每个前提都有充分支持或无需支持（因为前提是显而易见的或各方都同意的）。所需的支持来自引用的例子、统计数据、研究、专家意见，以及其他类型的证据或理由。这种安排意味着，主要论证的每个前提都可能是一个结论，反过来又得到引用证据或理由的其他前提的支持。无论如何，作为读者，你都必须仔细评估所有前提的真实性及其背后的支持。

当你试图写出好论证时，同样应当如此。你需要向读者提供接受前提的好理由，因为你明白仅仅解释前提是不够的。你必须为每个前提提供必要的支持，并确保这种支持是充分和可靠的。（有关使用和引用资源的指导，请参阅第六章和附录 A。）

如何进行网络辩论

这里讨论的这种富有成效的、合情合理的辩论随处可见，盛行于各种类型、持有各种政治信念和各种哲学观点的严肃思想家之间。在网上，它最常发生在严肃而有思想的博客、网站、电子期刊和评论中。但可惜的是，网上的辩论大多数根本不是这样的。它们往往只是毫无意义地来回抛出毫无根据的断言，以及进行激烈的言辞攻防。它与批判性思维或对知识的追求无关，完全是为了满足争论者的需要——被关注的需要、感觉自己强大且能掌控局面的需要、自我感觉良好的需要、娱乐的需要、维护一己之利的需要。在这样的争论中，没有人是赢家，网络空间从头到尾都充斥着这样的争论。

但是，假设你上网的目的是想就一个重要的哲学、道德或政治问题进行某种严肃、诚实、富有成效的辩论。你想参与**真正的**辩论，且避免无意义的争论浪费你的时间。如何做到这一点呢？方法如下：

- 首先，如果你怀疑有的人只对得分、哗众取宠、发泄情绪或试图激怒你感兴趣，避开这样的人。如果谈话进行到一半，你发现他们对理性辩论不感兴趣，那就离开他们。去那些以有礼貌的、有智慧的讨论为常态的论坛。

- 将注意力集中在论证上。批评论证的形式或前提的真实性，而不是批评人。将辩论个人化会使辩论偏离正轨，会将情绪注入辩论，并且不会带来任何益处。

- 试着理解对方的观点及动机。这样做可以增加你在辩论中获胜的机会，使你学到一些你不知道的东西，并通过表现出同理心使讨论保持冷静。理解对手的反驳有助于加强自己的论证，并证明自己是认真和公正的。

- 向对于表示道德尊重，公平地听取对方的意见，不要对其动机、价值观或背景抱最坏的看法。不要仅仅基于对方的政治倾向或派别就对他/她抱有成见。避免尖酸刻薄的评论、讽刺、谩骂和侮辱。

- 紧扣主题；不要偏向细枝末节或吹毛求疵。指出对手糟糕的语法和拼写错误对你的论证没有丝毫帮助，而且很可能会终止理性讨论的机会。

- 控制情绪。如果你生气、激动或恼羞成怒，你就无法以应有的状态清晰地思考，可能会开始谩骂，而不是据理力争，而你的对手很可能也会以牙还牙。
- 知道自己在说什么。假设你开始与人辩论来支持自己的某个立场，却发现自己对事实一无所知，但你一直坚持自己是对的，因为你不好意思承认自己对这个话题一无所知。这种情况简直是浪费时间。最好的办法是先了解事实，然后再投入辩论。提前研究主题，注意支持和反对相关立场的论点。
- 在有发表字数限制的社交媒体平台（比如推特）上进行严肃辩论之前要三思。推特的字数限制使得关于复杂问题的对话和长篇辩论变得困难重重，甚至毫无意义。而且，当有六七个人不请自来地插话时，前后的对话就会变得更加复杂。

应用规则

让我们运用本章（以及上一章）所讨论的规则，来阅读和评估一个较长的段落中的论证。下面的选段主要是关于上帝存在的一个著名论证的一个方面。请阅读本文，并研究后面的评论。

设计论证

奈杰尔·沃伯顿（Nigel Warburton）

1. 关于上帝存在的最常用论证之一是"设计论证"（Design Argument），有时也被称为"目的论论证"（Teleological Argument，源自希腊语"telos"，意为"目的"）。该论证指出，如果我们观察周围的自然世界，就会不由自主地注意到其中的万事万物是如何适合其功能的：万事万物都有被设计的证据。这就证明了［一位］造物主的存在。例如，如果我们观察人类的眼睛，就会发现它的各个细微部分是如何结合在一起的，每个部分都巧妙地适合于它的用途：看……

2. 即使你面对上述反驳而仍然认为设计论证令人信服，你也应该注意到，它并不能证明一位独一无二、全能、全知、全善的上帝的存在。仔细研究这一论证就会发现，它在许多方面都有局限性。

3. 首先，这个论证完全无法支持一神论——即只有一位上帝的观点。即使你承认世界和其中的万物都有明显的设计痕迹，也没有理由相信它们都是由一位上帝设计的。为什么不能是由一个次要神明团队共同设计的呢？毕竟，诸如摩天大楼、金字塔、太空火箭等大多数复杂的大型人类建筑都是由一群人共同完成的，因此，如果我们要用这个类比推理出合乎逻辑的结论，我们肯定会相信世界是由一群神设计的。

4. 其次，这个论证并不一定支持"设计者（或设计者们）是全能的"的观点。可以说，宇宙有许多"设计缺陷"：例如，人类的眼睛有近视和老年性白内障的倾向——这不可能是一位想要创造一个最好的世界的全能造物主所为。这样的观察可能会让一些人认为，宇宙的设计者远非全能，而是一位或多位相对弱小的神，或者可能是一位正在试验自己能力的年轻的神。也许设计者在创造宇宙后不久就死了，让它自行消亡。设计论证为这些结论提供的证据，不比为有神论者所描述的上帝存在提供的证据少。因此（So），仅凭设计论证无法证明有神论者的上帝而不是其他类型的上帝或众神存在。[1]

要成功地评估这个论证，我们必须以开放的心态阅读文本（规则1-1），并积极且批判性地阅读（规则1-2），力求充分理解。之后，我们的首要任务是识别结论和前提（规则1-3），然后撰写论证的提纲、转述或总结（规则1-4）。我们的最终任务是评估论证，并对其形成初步判断（规则1-5）。这意味着我们要充分了解不同类型的论证（规则2-1），从而确定论证是否有效或有力（规则2-2），以及前提是否为真（规则2-3）。

多读几遍选段后，我们可以发现，作者的目的是提出论证来反驳另一个论证，即所谓"设计论证"。在第1段中，他解释说，设计论证认为，由于世界上的一切看起来都像是被设计出来的，

---

[1] 节选自 Nigel Warburton, *Philosophy: The Basics* (London: Routledge, 2000), 12, 14–15. 第一章，经出版商许可而使用。

所以一定有一位设计者,也就是上帝。但在第 2 段中,他断言设计论证并不能像许多人认为的那样证明这一点。它并不能证明设计者就是传统意义上的上帝——一位全能、全知、全善的至高存在。他在第 3 和第 4 段中支持这一论断,并给出了两个理由来说明为什么创造者不一定是传统意义上的上帝。

读完选段后,我们应该回头寻找指示词。我们只发现了一个——第 4 段最后一句中的结论指示词 "So"。"So" 引出的陈述确实是论证的结论:"因此(So),仅凭设计论证无法证明有神论者的上帝[传统的神明]而不是其他类型的上帝或众神存在。"然而,这句话是对结论的重申,这个结论首次得到陈述(用不同的语言)是在第 2 段:"[设计论证]并不能证明一位独一无二、全能、全知、全善的上帝的存在。"

在确定了结论之后,我们可以看到第一个前提一定是在第 3 段:"即使你承认世界和其中的万物都有明显的设计痕迹,也没有理由相信它们都是由一位上帝设计的。"也许世界是由许多神设计的。设计论证不能给出排除这种可能性的理由。

然后,第二个前提在第 4 段:"[设计]论证并不一定支持'设计者(或设计者们)是全能的'的观点。"也许设计者是弱者,或者缺乏经验,或者是会死的。设计论证并不能对此证伪。

当我们撰写这个论证的提纲时,我们会得到这样的结果:

前提 1:即使你承认世界和其中的万物都有明显的设计痕迹,也没有理由相信它们都是由一位上帝设计的。

前提2:[设计]论证并不一定支持"设计者(或设计者们)是全能的"的观点。

结论：因此，仅凭设计论证无法证明有神论者的上帝而不是其他类型的上帝或众神存在。

为清楚起见，我们可以这样转述这个论证：

前提1：设计论证并不能说明世界一定是由一位上帝创造的。

前提2：设计论证并不能说明世界一定是由全能的上帝创造的。

结论：因此，设计论证并不能说明存在的是传统意义上的上帝（全能、全知、全善）而不是其他类型的上帝或众神。

现在，我们提出规则2-2规定的关键问题：结论是从前提得出的吗？在这种情况下，我们不得不同意。如果设计论证不能证明创造者是唯一的上帝，不能证明创造者是全能的，那么我们必须得出结论：设计论证不能证明传统意义上的上帝的存在。也就是说，作者的论证是有效的。

接下来，我们要提出规则2-3所引发的问题：前提为真吗？通过研究选段，我们可以发现，设计论证即使有力，也只能证明世界可能有一个（或多个）设计者。然而，该论证并没有证明设计者具有任何特点，包括与传统上帝概念相关的属性。如果是这样的话，那么前提 1 就必定为真——设计者可能是一个，也可能是多个。同样，前提 2 也必定为真——设计者可能不是全能的。

基于以上分析，我们可以说作者的论证是可靠的。选段中的设计论证并不能证明具有传统属性的上帝的存在。然而，我们的分析并不是关于这个话题的最终结论，还有其他与所提出的问题相关的论证我们没考虑到。

快速复习：基本定义

- **陈述**：对某事是否如此的断言。陈述要么为真要么为假。
- **论证**：一系列陈述的组合，其中一些陈述旨在支持另一个陈述。声称提供支持的陈述是**前提**，声称得到支持的陈述是**结论**。
- **演绎论证**：应该为结论提供逻辑上确凿的支持的论证。演绎论证可以是**有效的**，也可以是**无效的**。一个前提为真的有效的演绎论证被称为**可靠的**论证。
- **归纳论证**：旨在为结论提供可能的支持的论证。归纳论证有**强弱**之分。一个前提为真的强有力的归纳论证被称为**有说服力的**论证。
- **最佳解释推理**：归纳论证的一种形式，从有关事态的前提出发，推理出对事态的解释。

第三章　哲学写作的风格和内容规则

幸运的是，无论你论文的主题或目的是什么，论文写作的技巧很多都是一样的。让人欣慰的是，写作就是写作。你写任何一种文章都必须注意其谋篇布局、语法、标点和词语用法（这些是第七章和第八章涉及的主题）。

哲学写作也不例外。尽管如此，它在某些方面是与众不同的——或者正如你可能想说的那样，是古怪的。哲学写作的某些特征是这一体裁的特点，而有些特征也存在于许多其他类型的表达方式中，只是在哲学写作中更重要。这些特点涉及内容（说了什么）和形式（怎么说的），如果你想写出好的哲学论文，你必须知道如何处理它们。

请仔细思考以下规则作为指导，并通过实践学会如何合理地运用这些规则。

规则 3-1　针对读者写作

从大学论文到情书，你所写的几乎所有东西都是为特定读者准备的。了解读者是谁，可以让表达内容和表达方式有天壤之别。除非出了严重差错，否则你通常不会像对待你的真爱那样对待镇议会的成员，也不会像对待《新英格兰医学杂志》的读者那样对待你的真爱。你可能会问:你的哲学论文的目标读者是谁?

当然,你的老师可能会明确指出你的读者,从而为你解决这个问题。否则,你就应该假定你的读者是聪明而又好奇的读者,他们对哲学知之甚少,但有能力理解和欣赏一篇文笔清晰、制作精良的论文,涉及包括哲学在内的许多主题。除非你有相反的指示,否则你不应该假定你的读者是你的老师、一般意义上的专业哲学家、比你懂得更多的哲学系学生,或者是那些要么同意你所说的一切、要么不假思索拒绝你的论文的读者。要为此处所界定的适当的读者写作,意味着你必须定义不常见的术语,解释任何可能被误解的观点,并阐明你的论证,使任何聪明的读者都能清楚地了解其结构和意义。这种进路既能迫使你试着更好地理解你的主题,又能帮助你通过写作展示这种理解。

一般来说,用与短信或社交媒体帖子相同的语气和语言进行哲学写作不是个好主意。哲学写作要求谨慎地提出证据和论证,用词准确,语气严肃。短信和推特帖子中的文字通常非常随意、不严谨、粗心,因此毫无效果。

如果你对读者的了解多于本文中的一般描述,那么你可以更好地为他们量身定制文章。你的读者对这个问题了解多少?他们是否坚决反对你的立场?他们大多同意你的观点吗?这个问题对他们来说有多重要?你与他们有哪些共同利益?你能否期望你的文章改变人们的想法,还是只是帮助他们更好地欣赏或容忍你的观点?了解这些问题的答案可能会改变你陈述的方式。

规则 3-2 避免装腔作势

哲学是深奥的、高雅的、崇高的；因此，你应该努力使你的哲学论文看起来深奥、高雅、崇高。你相信这一点吗？有些初学哲学的人相信。他们认为，哲学文章应该看起来富丽堂皇，就好像是写给上帝本身——或是上帝尊贵的仆人，也就是他们的老师。这种观点是错误的。

好的哲学往往是深刻的，但这种深刻来自所表达的思想或论证，而不是花哨、夸张的写作。那些仅仅试图显得富丽堂皇的文章被认为是装腔作势，而装腔作势的文章是糟糕的文章，无论是哲学家还是哲学系学生写的。（唉，有些哲学作品的确是装腔作势。）

装腔作势的文章之所以糟糕，部分原因在于它是空洞的。它就像被叉子扎破的酥皮点心，一经仔细检查就会坍塌，证明其外表是蓬松的，而内里没有什么实质内容。哲学论文应该提供真正的论证以支持有价值的结论。当聪明的读者（尤其是老师）发现装腔作势的语言在掩盖论证或见解的匮乏时，很可能会感到恼火或不耐烦。最好的办法是把精力集中在用平实、清晰的语言提出好论证上。

请看这段话：

> Indubitably, the question as to whether utilitarianism can, through the utilization of a consideration of parameters that effectuate the amplification of life, liberty, and the pursuit of happiness for all who live and breathe in this earthly realm, enhance human happiness is of paramount

importance.（毋庸置疑，功利主义是否能够通过利用对各种参数的考量［也就是那些能实现所有在尘世中生活和呼吸的人增强生命、自由和对幸福的追求的参数］，从而增进人类的幸福，这个问题至关重要。）

这是一种狂妄的装腔作势，原因显而易见。首先，我们遇到了几个花哨的单词（有三到五个音节），它们可以删除，或用更简单的词语取代——indubitably（毋庸置疑）、utilization（利用）、parameters（参数）、effectuate（实现）、amplification（增强），以及 paramount（至关重要的）。其次，这段话包含一些不必要的华丽或冗长的短语（其中一些也是陈词滥调）——the question as to whether（是否……，这个问题）；life, liberty, and the pursuit of happiness（生命、自由和对幸福的追求）；以及 all who live and breathe in this earthly realm（所有在尘世中生活和呼吸的人）。最后，整个段落的复杂性毫无意义，这个恼人的问题部分地掩盖了段落含义的平庸。

看看这个版本，它去掉了绝大部分的装腔作势和模糊不清：

Whether utilitarian principles can enhance human happiness is an important question.（功利主义原则能否增进人类幸福是一个重要问题。）

这样，一个杂乱、浮夸的段落就变成了一个简单、平实的句子，而意思没有明显的损失。新版本更好，它清晰明了，直截了当，没有装腔作势（关于如何写出有效句子的相关讨论，请参见第七章）。

规则 3-3　正确看待哲学家的权威

在第六章中，我们将深入探讨哲学论文的文献引用。然而，本条规则涉及一个相关但独立的问题：如何在论文中使用哲学家的权威。

正如我们所看到的，使用证据（包括专家的证词）来支持论证中的前提或结论，包括哲学论文中提出的论证，是合法的。然而，当你试图通过引用哲学家的话来支持你的论证时，你必须小心谨慎。请记住，哲学世界主要靠论证来运转。命题和立场会被提出和质疑，会被接受和拒绝，这都取决于相关论证的价值。在一篇哲学论文中，论证通常是最重要的，最根本的问题在于结论是否可以从前提得出，前提是否为真。因此，如果一位哲学家——即使是一位著名的哲学家——在你的文章中占有任何分量，那往往是因为他们的论证。仅仅是该哲学家被公认为权威（或著名、有声望或受欢迎）这一事实本身，与命题是否值得接受无关。因此，如果你想证明所有人都有自由意志，仅仅表明一位著名哲学家认为所有人都有自由意志对你的论证没有丝毫帮助。然而，引用该哲学家设计的一个好论证却能加强你的论证——因为该论证是很好的，而不是因为该论证来自某位哲学家。（当然，正如第六章所解释的，任何此类引用都必须妥善记录。）当然，如果因为哲学家做出了有启发性的区分，澄清了关键概念，或者提供了更好的方法去理解主张或问题，那么引用他们的观点也是合理的。

规则 3-4　不要夸大前提或结论

夸大其词，是指夸大主张的问题，是指使一个论断听起来比它应有的更有力或囊括更大范围。我们都有言过其实的毛病，最常见的是在日常讲话中。我们可能会说："每个人都不喜欢琼斯教授"或"美国人认为法国人很势利"，而实际上只有**一些**学生不喜欢琼斯教授，只有**少数**美国朋友认为一些法国人很势利。在日常对话中，人们通常是按上述方式理解这种夸张说法的，并会为了强调而无伤大雅地加以使用。但很多时候，夸大其词是一种歪曲，是一种过分的断言，会让我们陷入错误或偏见。令人不安的是，在宗教、政治和道德领域，关于对立观点的断言在很大程度上都是夸大其词（参见第五章，尤其是关于"草率概括""滑坡"和"稻草人"等谬误的讨论）。

在哲学论文中，夸大其词是绝对不可接受的，你必须对它保持警觉。它会让读者对你的判断、真诚和论证产生怀疑。即使是一个夸张的形容词或短语也会损害文章的可信度。夸大其词会让读者认为："这里夸大了，这篇文章还有什么地方被夸大了呢？"

哲学写作中有两种夸大其词的方式。首先，特定的陈述——包括前提——可能会被夸大。你可能会忍不住断言，无论你在文章中讨论的是什么问题，它都是"我们这个时代最重要的问题"。你可能会声称一个前提肯定或毫无疑问为真（而实际上它只是可能为真），或者放弃重要的限定词，如"一些""也许"和"许多"。比如，即使你承认出于自卫杀人是道德所允许的，你可能还是会忍不住说"杀人**总是**不道德的"。

其次，论证的结论可能被夸大：它们可能超出逻辑推理所允许的范围。正如我们在上一章中看到的，结论必须从前提得出。然而，由于你支持你的结论，你可能会夸大它。结果你的论证会变得无效或薄弱。

当党派偏见毁了你

当一个人的党派偏见（partisanship）极端时，他提出一个好论证的机会可能几乎为零。这是因为许多极端党派分子，无论是自由派还是保守派，都不只是否认真理和反驳相反的证据。对他们来说，没有任何可以想到的证据或论证能说服他们改变主意。面对压倒性的反对证据和无懈可击的推理，他们仍会坚持己见。就像著名的巨蟒鹦鹉短剧（Monty Python parrot skit）中的店主一样，他们会坚持认为眼前这只冰冷、僵硬的死鸟还活着。

与这些人争论（除非你与他们有私人关系）几乎总是浪费时间，尤其是在社交媒体扭曲的娱乐氛围中。但我们有可能及时在自己身上发现这种扭曲思维的迹象。以下是一些迹象：

- 你不假思索地拒绝任何与你信念相悖的事实、统计数据、论证或研究。
- 你全盘接受重要的说法，而不要求查看证据。

- 你毫无疑问地相信党派领袖告诉你的任何事情。
- 你认为任何与你的信念相冲突的新闻都必定是假的。
- 你拒绝认真考虑任何让你不舒服的观点。
- 最糟糕的情况是,你自己编造"事实"。
- 不依靠完全来自极端党派的信息,你就无法为自己的观点辩护。
- 如果不使用谬误,你就无法为自己的立场提出论证。
- 你不会(或不能)区分相信某事的合法理由和非法理由。(**合法理由**[legitimate reasons]是指那些能增加某项主张为真的概率的理由。这些理由来自可靠的证据、可信的消息来源和批判性推理。接受或拒绝主张的**非法理由**[illegitimate reasons]包括仅凭感觉或直觉、个人欲望、朋友相信或不相信的东西,以及你对对手的厌恶。)

规则 3-5 公平对待对手和反对观点

有时,人们所知道的为立场提出论证的大部分知识似乎都是从最糟糕的老师——政治辩论类电视节目中学到的。在这些电视节目上,标准步骤是攻击对手的性格和动机,歪曲或曲解反对观点,对反对者的证据和担忧完全不予考虑。这种做法在哲学写作中既不被宽恕,也不被容忍。我们已经知道,哲学论述的理想是在各方之间无私而公正地寻求真理。辱骂或不公平的策略是不符合规定的,也是无效的。当读者遇到这种拙劣手法时,他们可能会怀疑作者的动机，质疑作者是否心胸狭隘，质疑作者的主张是否可信，或者怀疑以这种无端狂热去辩护的论证的价值。

有两种方法可以避免论文中的大多数不公正现象（这两种方法将在第五章中详细讨论）：

1. 避免稻草人谬误。
2. 避免针对个人谬误。

稻草人谬误（straw man fallacy）包括歪曲、削弱或过于简化某人的立场，使其更容易受到攻击或反驳。例如：

> 美国公民自由联盟（ACLU）反对学校祈祷，因为他们想将世俗的无神论世界观强行灌输给每个人。他们甚至希望最高法院禁止有宗教信仰的儿童进行无声的个人祈祷。

在这里，ACLU 及其对于学校祈祷的观点被错误地描述，使它们看起来很荒谬并且很容易反驳。ACLU（或任何其他组织）未必想**强迫**美国人放弃他们的宗教信仰。同样，第二句中对 ACLU 观点的描述也是不准确的。即使是大多数宗教组织也不会以这种误导性的方式描述 ACLU 在祈祷问题上的立场。

关键是，应该公平、准确地描述对手的观点和论证，承认它们所拥有的任何优点。这样做的结果可能是：(1) 读者会认为你更诚实、更认真；(2) 你会想方设法解决自己论证中暴露出的弱点。

针对个人谬误（ad hominem fallacy，也称**诉诸个人**[appeal to the person]）是指拒绝接受一项主张，根据不在于该主张有问题，而在于提出该主张的人有问题。想一想：

你不能相信简所说的任何关于灵魂存在的事情。她是哲学专业的。

我们应该拒绝那些所谓伟大思想家提出的认为存在人权的论证。谁在乎他们怎么想？

这些论证毫无根据，因为它们试图通过诉诸一个人的性格或动机来反驳或削弱一个主张。但个人的性格或动机与主张的价值几乎没有任何关系。对主张的判断必须基于是否存在支持它们的理由。

规则 3-6 清晰地写作

清晰地写作是为了确保读者能理解你的意思。在大多数类型的写作中，清晰几乎总是最大的优点，哲学写作也不例外。事实上，哲学文章的清晰性可以说比大多数其他类型的非虚构作品更重要，因为哲学涉及许多困难和陌生的观念。

写作缺乏清晰性可能有几种表现。缺乏经验的作者常常会写出一些非常模糊的论文，因为他们常常认为，他们能明白自己的意思，所以其他人也会明白。但通常情况下，其他人并不明白。问题在于，写作新手还没有掌握以他人的眼光看待自己作品的技巧。换句话说，他们没有对自己的言论采取客观的立场。优秀的写作者是对自己作品最好的批评者。

尝试以他人的眼光看待自己的习作需要练习。有一个小窍门通常很有帮助，那就是一两天不看自己的文章，"放冷"后再去读。稍作中断后，你可能会发现，有些段落之前在你看来似乎很清晰，但其实大部分都是胡言乱语。另一种方法是同行评议。请一位朋友阅读你的论文，并指出任何看起来不清楚的段落。你的朋友不一定要懂哲学。他们只需要和你的目标读者一样——聪明、好奇，并且能够理解你的意图。

歧义（ambiguity）也会使写作变得不太清晰。如果一个术语或陈述有多个含义（并且上下文无助于澄清含义），那么它就是有歧义的。有些歧义是**语义上的**（semantic）；这些歧义是一个单词或短语的多重含义造成的。请看这句话："Kids make nutritious snacks."."make"这个词可能意味着"制作"或"构成"。如果是前者，这句话是说孩子们制作食物。如果是后者，这句话的意思就成了孩子**就是**食物。

有些歧义是**句法上的**（syntactic）；它们是单词组合方式造成的。请一口气读完这句话："Maria saw the bird with binoculars."。谁拿着双筒望远镜，玛丽亚还是那只鸟？我们不知道，因为这个句子写得不好：单词放错了地方。如果我们想让这句话表达的意思是玛丽亚是拿着双筒望远镜的人，我们可以这样改写："Using her binoculars, Maria saw the bird."。

通常，缺乏清晰度并不是因为有歧义的词语，而是因为**模糊的**（vague）词语——即无法传达一个明确含义的词语。造成这种不明确的原因有很多，但最主要的原因是使用过度**概括性的**（general）词语。概括词指的是整个群体或一类事物，例如"士兵""艺术家"和"书籍"。而具体词指的是更具体的事物，例如"莫里斯中士"（Sgt. Morris）、"梵高"和《太阳照常升起》。

使用概括词本质上并没有什么问题；事实上，在许多情况下，尤其是在哲学中，我们必须使用这些词语。然而，如果使用过多，它们很容易使哲学论文变得一团糟。请看几组句子：

1. 根据霍布斯的观点，所有人都有能力自由行动。

根据霍布斯的观点，所有人都有能力自由行动。自由行动是指由某人的意志引起的、不受他人或是某种物理力量或障碍限制的行动。

2. 在康德对人类经验的某些方面的观点中，道德考量可能让我们得出的结论，与我们必须断言一种与事实相悖的情形这种行为之间存在冲突。

康德认为说谎总是不道德的。

乍一看，第一组的第一句话似乎是直截了当的陈述，但它是如此笼统，以至于近乎神秘。什么是自由行动？第一组的第二段话要具体得多。它重申了第一句话，但又对其进行了详细阐述，规定了一个行动被视为自由行动所必须满足的两个条件。请注意，通过添加更多信息——这些信息缩减了无数可能性——概括性陈述变得更加具体。

在第二组句子中，第一句话充满了概括性术语，包括"人类经验的某些方面""道德考量",以及"我们必须断言一种与事实相悖的情形这种行为"等。这句话试图表达的是第二句话的意思。第二句话尽可能避免泛泛而谈,切中要点。诚然,"说谎总是不道德的"是一条概括性原则,但因为用了更具体的词来表达,意思反而变得更加清晰。请注意,与第一组句子相反,第二组句子通过使用更少而不是更多的词获得了更具体的内容。

撰写哲学论文时,总是要使用概括性术语。但关键是让你的写作在你的主题和目的允许的范围内尽可能具体。(有关使写作更清晰的其他方法,请参阅第七章和第八章。)

规则 3-7 避免不恰当的诉诸情感

哲学写作中的诉诸情感几乎总是不恰当的,通常被视为基本错误。最严重的错误可能是用情感代替论证或前提。这种伎俩是一种谬误,不出所料地被称为**诉诸情感**(appeal to emotion):不是试图用一个好的论证,而是试图通过唤起读者的恐惧、内疚、怜悯、愤怒等情绪,来说服别人接受某个结论。例如:

> 陪审团的女士们和先生们,你们必须判我的当事人无罪。他遭受着极度贫穷的折磨,他的母亲抛弃了他,法律体系并不在乎他曾经是一个衣衫褴褛的孤儿,在街上流浪,寻找着人间真情。他是这种种悲剧的不幸产物。

这里诉诸的是怜悯,这段话中的大量语言都是为了唤起人们的怜悯之心——"极度贫穷""他的母亲抛弃了他",以及"衣衫褴褛的孤儿"。但要注意的是:没有提供好的理由使人相信被告是无辜的,没有为这一结论提供任何逻辑支持。如果这样的诉诸情感是一篇哲学论文的唯一论证,那么这篇论文就是不及格的。

思考一下这样的政治言论:

> 亲爱的选民们,如果你们选择我的对手担任美国总统,针对美国的恐怖袭击难道不会增加吗?我们无法再承受另一起911事件了。投安全一票。投我一票。

这是公然诉诸恐惧,是政治中的惯用伎俩。没有提供好的理由,只是设想了一个非常可怕的场景。

诉诸情感会严重误导读者,即使它们不是用来代替论证的。通过使用能唤起强烈情感的特定词汇或短语,作者可以有力地影响读者的态度和观点。请看:

> 这个国家的反生命势力支持堕胎——仅仅因为孩子存在而将其杀害——他们并不比纳粹好多少,纳粹也仅仅因为数百万人存在并且让国家感到为难而将他们消灭。应该用"生胜于死"这一开明的反堕胎观点来取代"按需堕胎"这一马基雅维利式的观念。

这段话充斥着情感,以激发人们的愤怒和厌恶——而这种激发主要来自几个强烈的情绪唤起词的使用。词语的选择不仅在情感激发中起到了大部分作用，还增强了一些谬误的效果。请思考"反生命""杀害孩子""纳粹""消灭数百万人""马基雅维利式的""开明的"。所有这些词语的使用都具有误导性和诱惑性。它们中的大多数被用作稻草人论证的一部分，而有些则为针对个人增添了杀伤力（见第五章）。虽然这里大多数有感染力的词语都是为了对堕胎和堕胎权利倡导者进行负面描述，但"开明的"这个词却用来唤起人们对反堕胎一方的积极情感。

哲学写作中的六个常见错误

1. 用装腔作势的语言掩盖拙劣的论证或缺乏理解。
2. 夸大其词。
3. 嘲笑对手或反对观点。
4. 犯了稻草人谬误。
5. 利用诉诸情感。
6. 犯了针对个人谬误。

规则 3-8　谨慎假设

每个论证背后都有不需要明确说明的预设，因为它们被各方视为理所当然。它们可能因为太明显而不需要提及，或者不需要说明理由。（它们与隐含前提不同，隐含前提对于论证至关重要，应该揭开其真面目。）例如，在有关医院患者权利的论证中，通常无须解释医院不是雪佛兰卡车，病人的权利与道德有关，或者这样的权利可能对病人很重要。但是，你应该注意不要预设一个可能会在读者中引起争议的主张。如果你想证明堕胎是道德所允许的，那么你不应该假设你的读者会同意"妇女有权选择堕胎"或"胎儿不是一个人"这样的观点。

规则 3-9　以第一人称写作

除非老师另有指示，否则请使用第一人称单数代词（**I**、**me**、**my**、**mine**）。这些词比起更正式的"我们"（**we**，例如"**我们将说明……**"）或极其正式和生硬的措辞（如"It is to be noted that..."［需要注意的是……］、"It is to be shown that..."［应该说明的是……］）要更可取。这一建议与使用主动语态（规则 8-2）和对自己提出的主张承担全部责任（"**我认为……**"）密切相关。

规则 3-10　避免带有偏见和歧视性的语言

带有偏见和歧视性的语言暗示某一特定群体低人一等，或者应该受到轻蔑或敌视。这些语言可能涉及种族或民族群体、性别、性取向、社会经济地位或其他类别。无论针对的是什么，它之所以是错误的，不是因为它"政治不正确"，而是因为它不准确、具有攻击性、不公平或不公正。

以下是美国心理学会（APA）关于避免此类错误的一些一般性指导原则。（如需更多指导，请咨询你的教师或机构，或参考现代语言协会［Modern Language Association，MLA］的写作风格指南或《芝加哥手册》［*Chicago Manual of Style*］。）

性别

性别（**gender**）是指特定文化中与一个人的生理性别相关联的态度、情感和行为。性别是一种社会建构和社会认同。当把人作为社会群体来讨论时，使用"gender"一词。

性别（**sex**）指的是生理性别判定；当主要涉及生理性别判定（如出生时所判定的性别）的生物学差异时，使用"sex"一词。

性别认同（**gender identity**）是性别的一个组成部分，它描述了一个人对自己性别的心理感受。许多人将性别认同描述为一种深刻的、与生俱来的感觉，即感觉自己是男孩、男人或男性；女孩、女人或女性；或者是一种非二元性别（例如，性别酷儿［genderqueer］、性别表现不一致者［gender-nonconforming］、性别中立［gender-neutral］、无性别者［agender］、流性人［gender-fluid］），这种感觉可能与一个人出生时所判定的生理性别、基于生理性别判定所推定的性别，或是第一或第二性征一致，也可能不一致。性别认同有别于性取向。

跨性别（**transgender**）是一个形容词，指性别认同、性别表达和/或性别角色与出生时所判定的性别相关的文化不符合。有些跨性别者拥有二元性别，如男人或女人，但也有些跨性别者的性别不属于二元性别，如流性人或其他非二元性别。

- 在提及不知道其身份代词的个人时，或者当一个一般人物或假想人物的性别在语境中无关紧要时，使用单数意义的"they"以避免对个人的性别做出假设。使用"they""them""theirs"等形式。
- 避免使用"he or she""she or he""he/she"或"(s)he"等组合来替代单数意义的"they"，因为这样的结构会暗示性别完全是二元的，会排斥不使用这些代词的个体。
- "birth sex"、"natal sex"（出生性别）、"tranny"和"transvestite"（易装症者）被认为是贬低性用语。因此，应避免使用这些用语。
- 避免将某一性别称为"opposite sex"或"opposite gender"；适当的措辞可以是"another sex"或"another gender"。
- 为减少陈规定型偏见的可能性并避免歧义，应使用特定的名词来表示人或人群（如 women, men, transgender men, trans men, transgender women, trans women, cisgender women, cisgender men, gender-fluid people）。
- 在提及全人类时，应使用"individuals""people"或"persons"等词语，而不是"man"或"mankind"，这样才准确且不会排斥任何群体。
- 避免在职业称谓中使用"man"等性别化的词尾（例

如，使用"police officer"而不是"policeman"），因为这可能会产生歧义，并可能错误地暗示该群体中的所有人都自我认同为同一种性别。

- 不要把跨性别者和性别表现不一致者使用的代词称为"preferred pronouns"（首选代词），因为这暗示着对性别的选择。请使用"identified pronouns"（认同的代词）、"self-identified pronouns"（自我认同的代词）或"pronouns"（代词）等措辞。

- 在适当和有意义的情况下，将"male"和"female"用作形容词（如男性［male］参与者、女性［female］实验者）。只有在年龄范围宽泛或含混不清时，或在确定跨性别者出生时的性别分配时，才将"male"和"female"用作名词。

种族或民族群体

- 种族和民族群体用专有名词表示，首字母大写。因此，应使用"Black"和"White"，而不是"black"和"white"（不要用颜色来指代其他人类群体，这样做被认为是贬义的）。

- 将"Native American"（美洲原住民）、"Hispanic"（西语裔美国人）等词语首字母大写。"Indigenous"和"Aboriginal"（原住民的）始终都要首字母大写。在指某一特定群体（如the Indigenous Peoples of Canada）时，"Indigenous People"或"Aboriginal People"应首字母大写，但在描述原住民个体时，

"people"应小写（如"the authors were all Indigenous people but belonged to different nations"）。

- 不要在多词名称中使用连字符，即使这些名称是一个修饰语单元（例如，要写"Asian American participants"而不是"Asian-American participants"）。如果人们属于多个种族或民族群体，则将特定群体的名称首字母大写，但"multiracial"（多种族）、"biracial"（双种族）、"multi-ethnic"（多民族）等术语则小写。

- "African American"不应用作全世界非洲裔人的统称，因为它掩盖了其他种族特点或民族血统，如尼日利亚人、肯尼亚人、牙买加人或巴哈马人；在这些情况下，应使用"Black"。"Negro"和"Afro-American"已经过时，因此一般不宜使用。

- 对于来自亚洲的亚裔，用"Asian"是合适的；对于美国或加拿大的亚裔，合适的说法分别是"Asian American"或"Asian Canadian"。将"Asian"和"Asian American"视为同义词是有问题的。较早的术语"Oriental"主要用于指地毯等文化物品，用于指人则带有贬义。

- 应避免使用不平行的称谓（如"African Americans and Whites""Asian Americans and Black Americans"），因为一个群体是用肤色来描述的，而另一个群体则不是。在前一个例子中，请使用"Blacks and Whites"或"African Americans and European Americans"；在后一个例子中，请使用"Asian Americans and African

Americans"。不要使用"White Americans and racial minorities"这一短语；与"White Americans"一词比较时，少数民族内部丰富的多样性就被大大削弱了。

- 在统称非白人种族和民族群体时，应使用"people of color"或"underrepresented groups"等术语，而不是"minorities"。"minority"可能会被视为贬义词，因为"minority"通常等同于在与多数群体（即 White people）的比较中人数更少、受压迫或有缺陷的状态。相反，**少数群体**（minority group）是指民族、种族、社会、宗教或其他方面的特征与大多数人口不同的人口亚群体，不过随着人口结构的变化，这一术语的适切性也在发生变化。

性取向

- 使用"sexual orientation"（性取向），而不是"sexual preference"（性偏好）、"sexual identity"（性认同）或"sexual orientation identity"（性取向认同）。所有人都会选择自己的伴侣，无论其性取向如何；然而，性取向本身并不是一种选择。

- "LGBT"这一表述形式已被认为过时，但对于使用哪种能够包括或超越 LGBTQ 的缩写，还没有达成共识。如果你使用缩写 LGBTQ（或相关缩写），请对其进行定义，并确保该缩写能代表你所写的群体。

- 避免使用"homosexual"和"homosexuality"。相反，应使用具体的、身份优先（identity-first）的术语来

描述人们的性取向（如 bisexual［双性恋者］、queer people［酷儿］）。这些具体术语主要指的是身份认同，以及在拥有这些身份认同的人群中形成的文化和社群。将这些群体统统囊括在"homosexual"一词中是不准确的。此外，"homosexuality"一词一直并将继续与负面的刻板印象、病理学，以及将人们的身份认同简化为性行为的做法联系在一起。[1]

快速回顾：风格和内容规则

规则 3-1：针对读者写作。

规则 3-2：避免装腔作势。

规则 3-3：正确看待哲学家的权威。

规则 3-4：不要夸大前提或结论。

规则 3-5：公平对待对手和反对观点。

规则 3-6：清晰地写作。

规则 3-7：避免不恰当的诉诸情感。

规则 3-8：谨慎假设。

规则 3-9：以第一人称写作。

规则 3-10：避免带有偏见和歧视性的语言。

---

[1] *Publication Manual of the American Psychological Association*, 7th edition, ch. 5 (Washington, DC: American Psychological Association, 2020).

第四章　论证性文章对论点的辩护

在谈话、致编辑的信或网络讨论中，你是否曾就某个问题表明立场，并给出理由表明为什么你的观点是正确的呢？如果有，那么你就**为一个论点进行了辩护**。你提出了一个论证，给出了接受某一论点或结论的理由。如果你在书面论文中阐述了你的论证，那么你就创造了更有价值的东西——**论点辩护类文章**（**thesis defense essay**，也叫**论证性文章**［**argumentative essay**］）。

在一篇论点辩护类文章中，通过提供支持论点的理由，你试图向读者表明你的观点值得接受。你的论点可以是就某个哲学、社会或政治问题，或就其他作家（包括著名或不太著名的哲学家）的论证或主张，或就某部或某几部作品的解释，阐述你的立场。在每一种情况下，你都要肯定一个论点，并给出肯定的理由。

这类论文不仅仅是对主张的分析，不仅仅是对他人观点的总结，也不仅仅是对他人信念或言论的重申——尽管一篇好的论点辩护类文章可能包含其中的一些元素。论点辩护类文章应该是一篇有理有据的陈述，你要提出自己的主张，并努力用好的论证来支持这些主张。

对很多学生来说，这种写作属于未知的领域。只有通过自己思考问题、理解主张及其背后的原因，才能穿越这片土地——而学生很少习惯这样的旅行。然而，这段旅程是值得的，而且并非完全陌生。你可能每天都会以这样或那样的形式遇到论点辩护类文章。在广告、政治演讲、哲学写作、致编辑的信、法律案件、特殊利益提倡、新闻稿、立场文件和各种商业信息中，你可以看到无数为这种或那种观点辩护的尝试。世界上的许多工作都是这样完成的（尤其是在学术领域），而成败往往取决于你是否有能力以书面形式提出自己的理由或评估所遇到的情况。

论文的基本结构

论点辩护类文章通常包含以下要素，但不一定按此顺序排列：

I. 引言（或开头）

　A. 论点陈述（要支持的主张）

　B. 论文计划

　C. 论点背景

II. 支持论点的论证

III. 对反驳的评估

IV. 结论

引　言

引言通常由论文的第一段组成，有时只是一两句话。有时篇幅较长，可能有几个段落。篇幅的长短取决于介绍论证需要涉及多少领域。无论篇幅长短，引言都不应超过必要的长度。在大多数情况下，最好的引言都是简短的。

如果关于引言必须包含哪些内容有一个经验法则的话，那就是：引言应该做好**论点陈述**。论点陈述通常出现在第一段中，它是你希望在论文中支持或证明的主张，即你打算提出的论证的结论。这是一个值得辩护的主张，也就是说，它并非微不足道或明显为真。你可能需要将论点陈述作为你提出的问题的答案，或作为你希望讨论的问题的解决方案。无论如何表述，论点陈述都是你必须用理由支持的主张。它对读者来说就像指南针，引导他们从一个段落到另一个段落，从一个前提到另一个前提，为他们指明从引言到结论的清晰路径。它还能帮助你保持正确的方向。它提醒你要围绕一个决定性观念把每个句子和段落联系起来。

在一些论证性文章中——例如许多报纸社论和杂志文章中——论点陈述不是明说的而是隐含的，就像在一些论证中有隐含的前提甚至结论一样。然而，在哲学写作中，论点应该始终是明确的，应该用精心斟酌的句子来清晰地表达。很有可能，你在大学写的任何论证性文章，都需要包含一个论点陈述。

论点陈述应该限于在篇幅允许范围内可以辩护的主张。你要用单句话来陈述，越早越好。（稍后将详细介绍如何设计经过适当限定的论点陈述。）如果你认为该陈述的意思或含意不清楚，你可能需要加几句话来解释或略作展开。

引言的其他两个部分——论文计划（B）和论点的背景信息（C）可能是必要的，也可能不是必要的，这取决于你的论点和意图。在更正式的论文中，你不仅需要陈述你的论点，还需要阐明你打算如何论证它。你必须总结你的整个论证，包括你的每个前提和结论。如果你的论证很长或很复杂，至少要总结最重要的要点。为论点提供背景信息就是解释你的论点的意思（包括定义术语和澄清概念）、它有何含意、为什么这个问题如此重要或紧迫，或者为什么你决定解决它。有时所需的背景信息非常广泛，以至于其中的大部分你必须在引言之后提供。无论如何，通过添加适当的背景信息，你可以让读者有好的理由关心你所说的内容并继续阅读。

哲学论文的开头不能这样写

有些人开头就注定失败了。也就是说，学生哲学论文的开头往往很糟糕。它们可能以陈词滥调、无关紧要的评论、明显或多余的观察或对论点陈述的冗长铺垫开头。以下是一些例子：

- "伯特兰·罗素[或其他哲学家]写了很多书。"
- "从古至今，人们就一直在思考……"
- "本文将探讨无神论者让-保罗·萨特的荒谬想法。"
- "医生协助自杀是人类面临的最重要的道德问题。"
- "圣经告诉我们……"
- "根据《韦氏词典》，'必要性'一词的意思是……"
- "众所周知，人类有自由意志。"

在许多哲学论文中，背景信息包括对其他哲学家观点的总结或概述——他们所说的与你的问题或论点相关的内容。提供此类材料可以帮助读者理解为什么你的主题值得探讨，以及为什么你的论证是有意义的。

支持论点的论证

在论文的引言和结论之间是论文的**正文**。正文的基本组成部分是：（1）论证的前提加上支持或解释它们的材料，（2）评估论点受到的反驳。

每个前提都必须清楚地阐述，仔细地解释和说明，并用例子、统计数据、专家意见、论证或是其他理由或证据给予恰当的支持。每个前提你可能只需用一个段落阐述就能充分展开，也可能每个前提都需要用几个段落来阐述。

无论采取哪种方法，都必须坚持段落发展的核心规则：每个段落只阐述一个要点，并在主题句中体现该要点。确保每个段落都围绕你的论点陈述展开。

如果你的文章是批评他人的论证，你应该在正文中考察这些论证，解释它们是如何运作的，并阐述作者对任何重要批评的回应。你对论证的描述应该准确、完整，既要提出作者的最佳论据，还要提供足够的细节，方便读者理解你的论证的重要性。在介绍完作者那一方的观点后，你就可以提出自己的批评，声明且解释每一个前提。

当然，有些前提可能非常明显，无须支持。决定因素是你的读者是否可能质疑这些前提。如果读者很可能接受某个前提，那么就无须支持。如果他们不接受，你就需要支持前提。一个常见的错误是，假设所有人都会接受某个前提，而事实上它是有争议的（规则3-8）。

无论如何，你都应该只提出最有力的前提。一个薄弱的前提可能会破坏整个论证。对读者来说，一个不可靠的前提就是怀疑其余所有前提的理由。一个可以获得支持的好前提，胜过无法获得支持的五个坏前提。

回想一下，在一个好的论证中，结论是合乎逻辑地从前提得出的，并且前提为真。你在论文正文中的任务就是直截了当地提出这样的论证，即清楚地向读者证实你的前提与结论之间有恰当的联系，并且这些前提为真。你应该让人对你想要证明什么以及如何证明它毫无疑问。在篇幅较长的论文中，你可能需要用多个论证来支持你的论点。这是一种可以接受的方法，但前提是你必须清楚地说明各个论证与你的论点之间的关系。

对反驳的评估

一篇论证性文章常常包括**对反驳的评估**——真诚、努力地考虑读者对文章中的观点可能提出的任何反驳或疑问。（然而，在某些情况下，可能没有重大的反驳需要评估，就像第一章中关于文化相对主义文章的情况一样。）你必须向读者证明，这些反驳没有根据，你的论证并没有因为可能的批评而受到致命的损害。与某些人的想法相反，当你有效地处理论文中的反驳时，论文的说服力没有被削弱，反而得到了加强。你要努力做到公正、全面，从而提高文章的可信度。消除读者心中的疑虑可以使你的立场更强有力。如果你不正视可能的反驳，读者可能会认为，要么你对这些反驳一无所知，要么你对这些反驳没有好的回应。另一个好处是，在处理反驳的过程中，你可能会找到让你的论证更有力的方法。

另一方面，你可能会发现你对反驳没有恰当的回答。那怎么办呢？你要想办法改变你的论证或论点以克服批评。你可以表明你的论点不那么一概而论或不那么可能成立，从而弱化它。或者，你可能需要完全放弃你的论点，转而选择更有力的论点。发现自己心爱的论点漏洞百出，这并不一定是挫折。通过找出哪些船可以航行，哪些不能，你已经加深了对问题的理解。

你无须考虑所有可能的反驳，只需考虑最强烈的反驳即可。你使用的反驳，可能是你在阅读和研究中遇到的、从别人那里听到的，或者只是你自己想出来的。无论如何，都不要选择虚假反驳（pseudo-objections）——那些你知道是容易被推翻的软弱无力的反驳。细心的读者（包括你的指导老师！）会看穿你的把戏，从而降低对你论文的评价。

你可以在论文的不同位置提出反驳。你可以在阐述每一个前提时处理反驳，也就是边推进论述边处理。反之，你也可能希望在文章的开头，或在为前提辩护后、临近文章结尾处处理反驳。

结　论

除非文章很短，否则它应该有一个**结论**。结论通常出现在最后一段。许多结论只是简单地重申论文陈述,然后继续强调其重要性。还有一些则呼吁人们采取行动,对问题提出令人信服的观点,或进一步讨论论点陈述的含意。有些结论包含对文章论证的总结。如果论证复杂、很长或很正式,总结永远是一个好主意。

撰写论文的各步骤

现在我们来考察精心撰写一篇好的论点辩护类文章的步骤。如果你尝试遵循这些步骤,你就很有可能写出一篇好论文。请记住,这个过程不是线性的。你可能无法按照建议的顺序完成这些步骤。你可能需要掉转或重新安排步骤的顺序。这种即兴调整是正常的,而且往往是必要的。在写作过程中的任何阶段,你都可能发现自己的论证没有想象的那么好,或者没有考虑到某个重要事实,或者有办法修改文章使其更加强有力。这时,你可能需要回头修改提纲,或者修补你正在写的草稿——你的文章会因此变得更好。即使对于最优秀的作家,反思和修改也是正常的程序。

撰写论文的步骤如下:

1. 选择一个主题,并将其缩小为一个具体问题。
2. 研究该问题。
3. 撰写论点陈述。
4. 创建提纲。
5. 撰写初稿。
6. 仔细检查并修改初稿。
7. 完成终稿。

安排写作时间

请所有写作者注意：你不可能在交稿前一晚的三个小时内写好一篇 1500 个词的哲学论文。如果你按照本章所述的步骤去做，三小时可能只够勉强开始这个过程。要想写出一篇值得一读的论文，你可能需要花费数天而不是数小时的时间，尤其是如果你对论文主题不熟悉，并且还有正常的工作和课程安排的话。以下是你必须考虑的因素：

- 这个七步程序是递归的。在这个过程中的任何时刻，你都可能突然意识到自己走错了路，需要重新思考、重写或重新研究你已经完成的部分或全部工作。这种走回头路的情况很常见，它能让你的文章变得更好。但这需要时间。

- 研究阶段漫长而难以预测。研究（和重新研究！）通常需要几天时间，而且会突然偏向意想不到的方向，这很常见。研究结果可能表明，你需要重新思考你的主题、问题、论证或资源，甚至可能需要从头再来。重要的是，在写作计划中要留出时间应对这些突发情况。

- 你可能需要花费几小时或几天写出论点陈述和提纲。部分理由是你可能需要重写它们，也许要重写几次。把它们写好非常重要，因为它们为接下来的工作奠定了基础。

- 撰写和修改初稿也可能需要数小时或数天。这部分过程既需要写作，也需要反思，花费的时间也可能比你想的要长。

- 完成终稿不仅需要大量写作时间，还需要间断时间。让终

> 稿静置一天或更长时间，可以让你以全新的眼光审视它，帮助你发现错误和糟糕的句子。同行评议也很有用，但也需要时间。

一篇精心构建的论文

如何将所有这些部分组合在一起构成一篇文章呢？要找到答案，请阅读凯瑟琳·摩尔的这篇短文[1]并研究后面的评论。你会发现，尽管它篇幅短小、结构简单，但更复杂的长论义的所有主要成分它都有。（这里没有提及论文的资料来源，而这通常是此类文章应该包含的内容。我们将在第六章和附录 A 中探讨引用格式。）

相对富裕的人是否应该帮助穷人？

凯瑟琳·摩尔

1.【介绍主题，提供背景】20 世纪即将结束，贫富差距空前拉大。有些人拥有的钱，无论如何挥霍，一辈子也花不完，而有些人却连最基本的需求都无法满足。【让人感到问题的紧迫】在世界各大洲，人们因缺乏食物而饿死，因缺乏住所而冻死，因本可以预防的疾病而

---

[1] "Should Relatively Affluent People Help the Poor?"，作者 Kathleen Dean Moore，根据其学生 Brian Figur 的提纲写成。经作者许可复制。

死亡。这种情况提出了一个问题：世界上富裕的人们是否有道德义务帮助穷人？【论点陈述】我想论证的是，相对富裕的人应该拿出一定合理比例的收入来帮助减少全球范围内的绝对贫困。

2.【定义相关术语】我的主张是，那些相对富裕的人，也就是在特定社会背景下通常被定义为富有的人，有义务放弃他们的收入中很小但很有帮助的一部分。澳大利亚哲学家彼得·辛格建议拿出10%。这笔钱将用于缓解绝对贫困。世界银行前行长罗伯特·麦克纳马拉将绝对贫困定义为"以营养不良、文盲、疾病、环境肮脏、婴儿死亡率高、预期寿命低等低于任何关于人类尊严的合理定义标准的情形为特征"的处境【注明了出处】。【通常情况下，引文末尾应加尾注】

3.【论文正文从这里开始】【作者在这一段中阐释对其论点的反驳】许多人认为，富人不必帮助那些比他们贫穷的人，除非他们选择这样做。南加州大学的生态学家加勒特·哈丁（Garrett Hardin）对此提出了最有力的论证。【作者转述相关的反驳】他指出了帮助穷人的有害结果，声称富裕的人这样做会提高那些本来预期寿命相对较低的人的存活率，从而增加世界人口，进而加速自然资源的消耗和环境问题的产生。哈丁说，虽然饥饿是一种罪恶，但帮助穷人会造成更大的罪恶——饥饿的人数增加，帮助他们的资源减少【本句末尾应加尾注】。还有人认为，仅从富裕的人收入相对高于其他人这一点，并不能得出富人要对那些收入不高的人承担道德责任的结论。

4.【作者提出反驳】相反，我认为人们确实有道德义务帮助极度贫困的人。帮助穷人并不一定会增加人口，从而加剧环境恶化，这一点有好几个理由。首先，虽然货币援助可以带来医疗用品和食物，从而增加人口，但它也可以带来避孕工具和更多关于人口控制的教育。因此，帮助穷人实际上可以降低人口增长率，最终节约环境资源。其次，帮助减少绝对贫困也会使更多人在经济、社会和医疗方面都有能力帮助清理环境污染、解决人口过剩问题。最后，从纯粹实用的角度来看，要注意到，人也是一种经济资源，至少与木柴和肥沃的土壤同等重要，让人生病和死亡就是对这种资源的破坏和浪费，这点很重要。

5.【这里是对论点的第一个论证】在某种程度上，帮助穷人的义务只不过是一个人权问题。我们认为，我们的宠物有权获得体面的待遇——足够的食物、遮风避雨的住所、受伤或生病时的医疗护理，美国的富裕人群花费大量收入来满足动物的这些基本需求。如果动物有这些权利，那么人类肯定至少也有同样的基本权利。人应该得到比动物更多的尊重和体贴，应该有机会生活在比动物更好的环境中。

6.【这是第二个论证】然而，富裕的人有义务帮助穷人的主要理由，则与"杀害他人是错误的"这一道德原则有关。如果说杀害他人是错误的，那么，在明知他人若得不到帮助就必死无疑、而你能以相对较小的代价挽救他们生命的情况下任由他人死亡，在道德上也是错误的。富裕的人若不采取行动来减少贫困对世间穷人造成的有害和致命影响，就违反了基本的道德原则。因此，帮助穷人是富人的道德责任。

7.【论文的结论和重申论点】总之，富裕的人应该捐出一定比例的财富来帮助消除世界上的绝对贫困，不仅是因为人是有权过上体面生活的生物，更是因为当帮助人们活下去在你的能力范围之内时，听任他们死去是错误的。

这篇文章的引言在**第 1 段**和**第 2 段**中阐明。第 1 段介绍了主题：贫富差距，以及富裕阶层是否有道德义务帮助缩小这一差距。背景信息包括：观察到贫富差距比以往任何时候都大，世界各地的人们正在死于极端贫困。这些观点给人一种对该问题的紧迫感，有助于解释作者为什么认为这个问题很重要，以及读者为什么应该关心这个问题。第 1 段最后一句是论点陈述："相对富裕的人应该拿出一定合理比例的收入来帮助减少全球范围内的绝对贫困。"

第 2 段通过对一些关键术语的定义进一步介绍了背景情况。作者说，"相对富裕"是指"在特定社会背景下通常被定义为富有"。她引用了哲学家彼得·辛格对收入"合理百分比"的定义——10%。为了定义"绝对贫困"，她引用了罗伯特·麦克纳马拉的话，他应该有足够的资格发表权威意见。他说，绝对贫困是一种

"以营养不良、文盲、疾病、环境肮脏、婴儿死亡率高、预期寿命低等低于任何关于人类尊严的合理定义标准的情形为特征"的处境。

论文正文从**第 3 段**开始,作者在该段中阐释了对其论点的反驳。当读者认为这些反驳特别有力或最重要时,尽早讨论这些反驳是一个很好的策略。及时解决反驳可以为作者自己的论证铺平道路。然而,在许多论文中,反驳都是在作者提出自己的论证之后才开始处理的。

在**第 3 段**中,作者以论证的形式阐述了两个反驳,其中一个她认为是对其立场最有力的反驳。她的方法是完全正确的。处理你能找到的最有力的反驳实际上会加强你的论点。反之,选择一个软弱无力的反驳进行驳斥,就会陷入稻草人谬误,这几乎可以确保你的论证达不到应有的有力程度(规则 3-5)。此外,在这种情况下,最有力的反驳先前已经由一位知识渊博的批评家提出,并且是现实世界争议的一部分。

反对这一论点最有力的论证是,富人没有援助穷人的道德义务,因为帮助他们实际上会**增加**世界上饥饿人口的数量。帮助穷人只会使他们的人数成倍增加,在增加世界人口的同时却减少了维持人口的资源。第二个论证则采取了另一条路径:仅仅从富人比其他人相对富裕这一事实,并不能得出他们有道德义务与那些不富有的人分享他们的财富这一点。在详述了反对自己论点的论证后,作者在**第 4 段**立即提出反驳论证,说明援助穷人并不一定会使他们的人数和痛苦倍增。她的三个前提如下:(1)虽然援助穷人可能会增加他们的人口,但通过向他们提供避孕方法和人口控制教育，也可能会减少他们的人口；（2）减少绝对贫困会使更多的人有能力帮助遏制人口增长和环境危害，从而减少世界人口；（3）人本身就是可以用于造福世界的经济资源。

请注意，作者并没有立即回应反对其论点的第二个论证（"仅仅从富人比其他人相对富裕这一事实，并不能得出他们有道德义务与那些不富有的人分享他们的财富这一点。"）。也就是说，她并没有立即试图证明其结论为假。她在稍后为自己的论点作论证时反驳了这一论证。她实际上表明，与反对者的第二个论证相反，富人确实有义务与穷人分享他们的财富。

在阐述了对其论点的主要反驳并作出回应后，作者阐述了支持其论点的两个论证。在**第 5 段**中，她认为可以通过诉诸人权来证明对穷人的援助是合理的。她的论证如下：（1）如果动物有权获得体面的待遇，那么人肯定至少也有同样的权利；（2）动物确实有权获得体面的待遇；（3）因此，人至少有权享受与动物同等的待遇（事实上有权享受更好的待遇）。

在**第 6 段**中，她提出了另一个她认为比前一个论证更重要的论证：（1）杀死他人是错误的；（2）如果杀死他人是错误的，那么听任一个人死亡也是错误的（在你可以轻易地阻止这种死亡的前提下）；（3）如果富人不能减少绝对贫困（这是他们很容易做到的），他们就会听任穷人死亡；（4）因此，富人不帮助穷人是错误的（他们有帮助穷人的道德义务）。

第 7 段是文章的结论，总结了论证（和反驳论证）所表明的内容：富人应该帮助减少绝对贫困。

这篇文章的论证提纲如下：

反驳 1

未明说的前提：如果帮助穷人实际上会增加世界上饥饿人口的数量，那么富人就不应该帮助穷人。

前提：帮助穷人实际上会增加世界上饥饿人口的数量。

结论：因此，富人没有援助穷人的道德义务。

反驳 2

前提：仅仅从富人比其他人相对富裕这一事实，并不能得出他们有道德义务与那些不富有的人分享他们的财富这一点。

结论：因此，这并不意味着富人有道德义务与那些不富有的人分享他们的财富。

对反驳 1 的回应

前提：虽然援助穷人可能会增加他们的人口，但通过向他们提供避孕方法和人口控制教育，也可能会减少他们的人口。

前提：减少绝对贫困会使更多的人有能力帮助遏制人口增长和环境危害，从而减少世界人口。

前提：人本身就是可以用于造福世界的经济资源。

结论：因此，援助穷人并不一定会增加他们的人数和痛苦。

论文的第一个论证（也是对反驳 2 的回应）

前提：如果动物有权获得体面的待遇，那么人肯定至少也有同样的权利。

前提：动物确实有权获得体面的待遇。

结论：因此，人至少有权享受与动物同等的待遇（事实上有权享受更好的待遇）。

论文的第二个论证（也是对反驳 2 的回应）

前提：杀死他人是错误的。

前提：如果杀死他人是错误的，那么听任一个人死亡也是错误的（在你可以轻易地阻止这种死亡的前提下）。

前提：如果相对富裕的人不能减少绝对贫困（这是他们很容易做到的），他们就会听任穷人死亡。

结论：因此，相对富裕的人不减少绝对贫困是错误的（他们有帮助穷人的道德义务）。

主要结论

结论：因此，相对富裕的人有道德义务减少绝对贫困（帮助穷人）。

在这个提纲中，你可以看到这个论点的第一个和第二个论证的结论本质上是文章主要论证的主要前提，其结论是"因此，相对富裕的人有道德义务减少绝对贫困（帮助穷人）"。

步骤 1 选择一个主题，并将其缩小为一个具体问题

这一步放在第一位是有理由的。它可以帮助缺乏经验的写作者避免一个诱人但却险恶的陷阱：凭空选取一个论点，然后据此撰写论文。注意：你在一无所知的情况下空想出来的论点很可能

无法使用,而且会浪费时间。最好从选择一个主题或问题开始,通过研究和认真思考将其缩小为一个可以处理的论点。

主题(topic)是一个广泛的问题类别,如**克隆人、太空探索、死刑和干细胞研究**。在主题中潜藏着无数议题,也就是有争议的问题。例如,从死刑主题中就会产生无数的问题:处决罪犯是否能阻止犯罪,处决一个人是否为道德所允许,处决精神失常或精神障碍的人是否合乎道德,美国的死刑制度是否不公平,是否应该对连环杀手强制执行死刑,处决青少年是否不道德……这样的问题不胜枚举。基本思路是从各种可能的问题中选择一个你感兴趣的且能在允许的篇幅内充分讨论的问题。

以下是"上帝"主题下的一些问题,这些问题可以在750—1000个词的论文中充分论述:

- 安瑟伦关于上帝存在的本体论论证是否可靠?
- 如果公立学校要求学生背诵效忠誓词,"上帝保佑"这句话是否应该从效忠誓词中删除?
- 宇宙大爆炸论证是否证明了上帝的存在?
- 信仰上帝是否应该成为担任美国总统的必要条件?
- 威廉·佩利的"设计论证"是否证明了上帝的存在?
- 不信上帝的人能道德地行事吗?
- 信仰上帝会导致恐怖主义吗?

还有一些问题涉及面太广,无法在一篇短文中充分论述:

- 上帝存在吗?
- 宗教与科学相容吗?
- 恶的存在表明没有上帝吗?

步骤 2　研究该问题

研究一个问题的主要理由是找出所涉及的观点和论证。通常情况下,你的老师会针对某一写作任务向你推荐好的研究资源。指定读物可能是你唯一需要查阅的资源。此外,你还可以阅读相关文章和书籍,与研究过该问题或至少认真思考过该问题的人交谈,或上网查阅专题与哲学网站。

假如你从这个问题开始:宗教与当代道德是冲突还是互补?你可能一眼就能看出,这个问题过于宽泛,无法在一篇短文(甚或是长文!)中处理。不过,你可以限制问题的范围——例如,最高存在是不是道德价值的基础?这是宗教哲学中一个源远流长的问题。

现在,你可以探讨问题各方的观点和论证。你可能无法考察**每一个**相关的论证,但你很可能可以考察最有力或最常见的论证,包括一些你自己发明的论证。在你的评估过程中,你要确定论证的前提是什么,它们与结论的关系如何,以及它们是否为真(请记住,检验论证的最佳方法之一是使用完整的句子列出论证提纲,尽可能清楚地说明前提和结论)。关键是要发现一个**好的论证**——一个值得写作和阅读的论证(参考规则 1-3、1-4、2-2 和 2-3)。

如果你决定使用不止一个论证来支持你的论点，评估过程也大致相同。每个论证的结论都将用于支持论点，正如每个论证的前提都将支持其结论一样。难点在于确保论文各部分之间的联系清晰且符合逻辑。

假设你把"上帝与道德"问题缩小为一个关于神命论（divine command theory）的问题。神命论是一种流行观点，认为上帝是道德的基础（如果上帝命令某项行为是对的，则该行为就是对的）。反对该理论的论证提纲可能如下所示：

前提1：如果一个行为只因为是上帝的命令才是对的（也就是说，行为本身没有对错），那么上帝的命令就是任意的。

前提2：如果一个行为只因为是上帝的命令才是对的（也就是说，行为本身没有对错），那么如果上帝命令了令人憎恶的行为，这些行为就是对的。

前提3：如果该理论的含意是说不通的，那么该理论就是说不通的。

结论：因此，该理论是说不通的，应予以否定。

有关如何进行哲学论文研究的其他帮助，请参阅附录D。

步骤3　撰写论点陈述

你所选论证的结论将作为论点陈述的基础。结论通常**就是**你的论点陈述。写好论点陈述是必不可少的一步，因为整篇文章都建立在论点陈述之上。不准确或粗劣的论点陈述会导致不准确或粗劣的论证，从而毁掉任何一篇论证性文章。

在这一阶段，你应努力使你的陈述措辞恰到好处，即使你以后可能会修改它。它的范围应**限制**在你在给定的篇幅中所能处理的范围内。它还应该只**专注**于一个想法，而不是几个。例如，它应该主张"法官的强制量刑指南导致了许多司法不公"，而**不是**"法官的强制量刑指南导致了许多司法不公，美国参议院应该批准更多的司法任命"。后一论点提出的主张是两个，而不是一个。好的论点陈述还必须**清晰明了**。没人需要去猜测你论点的意思。例如，"同性婚姻是不能容忍的"这一论点就含糊得令人不能容忍，因为事物令人不能容忍的方式有很多种。它几乎没有告诉我们文章将要讨论的内容是什么。

设计出一个有限制、专注且清晰的——却是无足轻重的——论点陈述是完全有可能的。无足轻重的论点陈述要么涉及无关紧要的问题，要么提出无关紧要的主张。人们一般不会关心无关紧要的问题，也很少有人会去反对无关紧要的主张。谁会关心钢笔是否比铅笔好，或者赌博是否比赶海更有趣？又有谁会去质疑"快乐胜于痛苦"的说法呢？一篇建立在无足轻重的论点陈述上的文章会浪费读者的时间（如果他们不怕麻烦愿意读的话），而且你写这篇文章也学不到什么，改变不了什么。论点陈述应该是**有价值的**。

以下是一些符合这些标准的论点陈述：

- 杰里米·边沁的道德理论（被称为"行为功利主义"

[act-utilitarianism]）与我们常识中的人权观念相冲突。
- 美国政府应被允许逮捕任何涉嫌恐怖主义的美国公民，并在未经审判的情况下将其无限期监禁。
- 主观相对主义——认为真理取决于个人的信念——是不攻自破的。
- 不应该使用种族形象定性对飞机乘客进行安全检查。
- 辛辛那提市应该禁止被视为是反宗教或亵渎宗教的艺术展览。

步骤 4　创建整篇论文的提纲

如果你能写出论点陈述和为其辩护的论证提纲，那么你已经取得了很大的进步。你的论证和论点陈述将构成文章的骨架。下一步是充实骨架：加上介绍性或解释性的材料，回应反驳，还有为前提提供支持（可能包括从属论证、例子、解释、类比、统计数据、科学研究、专家意见或其他证据）。完成这项任务的最佳方法就是为整篇文章编写一个连贯、详细的提纲。如果你已经有了论证提纲，那么为整篇文章编写提纲就会变得轻而易举。提纲可以帮助你有条不紊地填充论证，向你展示各个部分是如何组合在一起的，以及是否有任何部分缺失或错位。在填充过程中，你可能需要进一步研究你的论点——检查前提的真实性，研究其他的论证，寻找其他的证据，或者评估你的论证所受反驳的说服力。

在任何阶段都不要害怕修改提纲。在写作过程中，你可能会发现自己的论点比较薄弱，论证有缺陷，或前提不明确。如果是这样，你应该停止写作，回头调整一下提纲。写作是一种探索行为，优秀的作者在发现问题时不会害怕修改。

当你列出论文提纲时，请在引言中给出完整的论点陈述。然后，在你编写提纲时，你就可以参考该陈述的指导。提纲的要点包括前提、结论、反驳和对反驳的回应。例如，下面是神命论文章的初步提纲。

> I. 引言：（论点）神命论是说不通的，应予以否定。
> A. 理论解释。
> B. 苏格拉底的困境。
> II. 第一个前提：如果一个行为只因为是上帝的命令才是对的（也就是说，行为本身没有对错），那么上帝的命令就是任意的——一个说不通的结论。
> A. 根据该理论，如果上帝命令谋杀，那么谋杀就是对的。
> B. 上帝可以命令任何事情，因为他无所不能。
> III. 第二个前提：如果一个行为只因为是上帝的命令才是对的（也就是说，行为本身没有对错），那么如果上帝命令了令人憎恶的行为，这些行为就是对的——另一个说不通的结论。
> IV. 反驳：上帝不会命令邪恶的行为，因为他是全善的。
> A. 回应：这个反驳是乞题的。

B. 回应：雷切尔斯对乞题问题的回应。

V. 第三个前提：如果该理论的含意是说不通的，那么该理论就是说不通的。

VI. 结论：因此，该理论是说不通的，应予以否定。

请注意，此提纲指明了在什么地方处理反驳。针对个别前提提出的反驳（以及对这些反驳的回应），应在提纲中作为主要前提下的从属观点显示出来。在文章正文的某个地方处理的反驳，应该用罗马数字标为另一个主要观点。

论证性文章中的十大常见错误

1. 未对初稿进行评估和修改。
2. 假定任何人的意见都一样好。
3. 立论过于宽泛。
4. 假定读者会读心术。
5. 夸大得到证明的结论。
6. 未能尽早开始撰写论文，以便有时间进行评估和修改。
7. 攻击作者的性格而不是其论证。
8. 提出毫无根据的论断，而不是好的论证。
9. 在文章中加入不相关或多余的段落。
10. 使用作者的引文来代替完善的论证。

提纲还应说明，你打算如何为需要支持的前提提供支持。这种详细程度可以帮助你避免在写作阶段出现任何令人不快的意外。

在许多情况下，提纲中的观点和从属观点可能与文章段落的主题句相对应。这样，一个详细的提纲（其中每个观点都是一个完整的句子）几乎可以帮你写好一篇文章了——至少让写作变得更容易。

你会发现，当你调整提纲时，你可能需要调整论点陈述。当你完善论点陈述时，你可能需要调整提纲。最后，你要确保提纲完整、准确、结构合理，各观点之间的逻辑关系清晰明了。

步骤5　撰写初稿

优秀的作家会修改……修改再修改。他们要么写多份草稿，反复修改，要么在写作过程中不断修改。他们知道自己的初稿总是需要改进的。然而，缺乏经验的写作者往往在匆匆写完初稿后，看都不看一眼就交稿！更合理的方法（对大多数学生来说也是最好的方法）是至少写一份初稿和一份终稿，多写几份草稿就更好了。

在论证性文章中，仔细阐述论证很重要，而且除非第一稿有合理雏形，否则很难写出后面的草稿，因此第一稿应该相当扎实。也就是说，在初稿中应该写出每个段落的暂定版本，论点陈述和所有前提的措辞至少应该接近最终形式。

给草稿写一个好的引言，阐明论点陈述，提供问题的背景信息，吸引读者进入文章。引言要生动有趣、内容充实并与当前问题相关。不要以为读者会自然而然地认为你的论文值得一读。

学生论文中的一个常见问题是引言冗长而肤浅——滔滔不绝地谈论主题，却很少提及密切相关或必要的内容。这样的引言读起来就像是在凑字数，或者是在磨洋工。它们通常可以完全删除，而不会对文章造成任何损失，因为那篇文章真正的引言可能是从第3页开始的。最好的引言简洁、贴切，而且通常很简短。

在一篇不那么正式的论文中，你可以用大胆的论点陈述开头，用启发性情景来概括或象征问题，或者用令人信服的事实显示你论点的重要性，以此抓住读者的注意力，引导他们进入论文。

在一篇较为正式的论文中，通常的做法是提出论点陈述，阐明问题，并解释你计划如何展开论证或如何展开文章的其余部分（并不进入细节）。在短的论文中，你可以提及每一个前提；而在篇幅较长或内容复杂的论文中，只说明最重要的观点足矣。

请看这篇神命论文章的引言（本章稍后将放上全文）：

1. 许多人认为上帝是法律的制定者，只有他定义了行为的对错。换句话说，上帝是道德的权威；上帝命令做的事情是对的，且只有上帝命令做的事情才是对的。根据这种观点，在上帝如此规定之前，没有对错之分，没有什么是独立于上帝的旨意而本身就是道德的或不道德的。上帝，也只有上帝才能决定对错。这种观点被称为道德神命论。

2. 该理论的一个简单版本如今广为接受，不管是在宗教人士还是在非宗教人士中。在这个版本中，上帝被认为是所有道德原则和价值观的源泉。他之所以能成为所有道德的源泉，是因为他无所不能，有能力做任何事，包括创造对错的根基。

3. 在《游叙弗伦篇》中，苏格拉底提出了可能是对该理论最古老、最强有力的批评。他实际上是在问，一个行为是因为是上帝的命令才对，还是因为它是对的所以上帝才命令？这个问题揭示了该理论所固有的两难困境：如果一个行为因为是上帝的命令才是对的，那么这个行为本身并没有什么使其对的地方，上帝的命令是任意的。如果上帝命令一个行为是因为它本身是对的（也就是说，他并没有使这个行为成为"对"），那么"对"似乎是独立于（或先于）上帝的，神命论就为假。我认为，至少在该理论的最简版本中，这个古老的困境依然存在，而解决这个困境最合理的方法就是拒绝该理论，接受道德标准必定独立于上帝的命令而存在这一点。

这篇引言很长，因为这个问题需要大量的解释和背景资料。然而，文章的关键问题几乎在第一段就立即提出了：对错是上帝创造的吗？在第 2 段和第 3 段中，作者解释了神命论，使其有争议的地位显而易见，并明确了其与当前道德观的相关性。毕竟，该理论的一个版本"如今广为接受"，而质疑其真实性的正是苏格拉底。论点陈述出现在第 3 段的最后一句："道德标准必定独立于上帝的命令而存在。"

正文应完整地陈述、解释和展开论证。你应陈述每个前提，必要时对其进行详细阐述，并在读者可能提出质疑时为其提供支持。计划每个前提至少用一段阐述，不过也可能需要更多的段落来支持前提。

论文中的每个段落都应与论点相关；每个段落中的每个句子都应与主题句相关。删除任何与论文目的无关的句子。确保各段落按逻辑顺序排列，通过过渡词和短语或对前文的提及将其清晰地联系起来。读者不应该对论文各部分之间的联系产生疑问。

这两段紧接引言：

> 4. 反对"对错取决于上帝的命令"这一观点的核心论证是：如果一个行为只因为是上帝的命令才是对的（也就是说，行为本身没有对错，或者说独立于上帝），那么暴行、谋杀、酷刑和许多其他可怕的行为如果是上帝命令的，就是对的。如果上帝命令这些行为，那么它们就是对的，没有人会因为这样做而犯错。在这个理论的简单版本中，上帝的力量是没有任何限制的，因此他确实可以下达这样的命令。如果没有上帝的旨意，任何事情都没有对错之分，那么他就没有理由命令或禁止谋杀、批准或禁止折磨无辜者。因此，如果上帝命令即"对"，那么上帝的命令就是任意的——这种推论对宗教人士和非宗教人士来说都是说不通的。
>
> 5. 还可以进行平行论证。如上所述，如果一个行为只因为是上帝的命令才是对的，那么暴行、谋杀、酷刑

和许多其他可怕的行为，如果上帝命令如此，那么就会是对的。这意味着，这些不道德的行为——从普遍道德标准来看是不道德的——可以被上帝转化为道德行为。然而，这种推论对宗教人士和非宗教人士来说也都是说不通的。

这篇文章提出了两个不同的论证来支持其论点陈述——一个在第4段，另一个在第5段。第4段认为，如果上帝命令（创造）"对"，那么他的命令就是任意的，这一点在主题句（该段最后一句）中得到表述。第5段认为，如果上帝命令"对"，那么他就可以使不道德的行为变得道德，这也是说不通的。这一论证也出现在该段的主题句（以"这意味着……"开头的句子）中。

第4段的陈述与第5段的陈述之间的联系显而易见。第5段中的过渡句（"还可以进行平行论证"）有助于衔接段落。

在大多数情况下，文章需要一个结论。它可以是简单地重申论点陈述（但不是一字不差地重复）。在篇幅较长、正式或复杂的论文中，结论可能包括对文章论证的总结。在短文或简单的论文中，可能不需要结论；整篇文章的观点可能很明显，不需要结论。如果你不确定论文是否需要结论，不要冒险：写上一个。

但是，结论部分不适合提出完全不同的问题，提出完全没有事实根据的主张，恶意中伤那些不同意见者，或者假装你的论证比实际的更有力。这些举措不会增强你文章的说服力，反而会削弱它。

步骤6　仔细检查并修改初稿

你的初稿可能会有大大小小的问题。不过，在这一阶段，你应该仔细检查大问题。这不是校对（纠正拼写错误、修正标点符号、改正排印错误等）的时候。现在是进行实质性修改的时候，比如这里列出的修改。先把论文放一放，然后批判性地阅读，并做以下工作：

- **首先检查你的论证**。检查前提与结论之间是否有恰当的关系，以及前提是否有足够的支持。问：结论是从前提得出的吗？前提是否为真？支持证据是否确凿？读者会被这个论证说服吗？必要时重写整个或部分论证。

- **检查论文的统一性**。确保每个段落都与论点陈述相关，并且只讨论一个观点。删除或修改偏离主题的段落和句子。删除任何赘语，即与论文无关，但为了延长论文篇幅或使论文看起来更令人印象深刻而插入的段落。

- **测试论文清晰度**。在阅读论文时，问问自己：论点阐述清楚了吗？论文的引言告诉读者文章的内容以及论证将如何展开了吗？主题句需要更加明确吗？有需要进一步强调的要点吗？观点和前提得到充分解释了吗？观点之间的联系清晰吗？有适当的过渡语让读者跟上文章思路吗？对文章进行修改，以达到最清晰的效果。

- **寻找重复之处**。寻找那些不必要的观点或词语重复。你只是在重复而不是充分地阐述自己的观点吗？删掉或重写可疑段落。

- **认真思考论文**。扪心自问，你是否真正投入撰写好论文所需的批判性思考中。你是否没有充分理解资料，而只是一味重复它们？你是否未经核实就假定某些陈述为真？你是否忽略了相反的证据或反驳？当你该努力解决复杂问题时，你是否只是探求显而易见和过分简化的问题？
- **理顺语言**。修正拗口的句子、语法错误、冗长的结构、装腔作势的措辞，以及其他妨碍清晰表达的问题（参见第七章和第八章）。
- **向他人展示草稿**。即使阅读你论文的人对哲学知之甚少，他们也应该能够理解你的论点陈述、论证和所有重要观点。他们应该能从引言中看出你在论文中想要做什么。如果文章的任何部分让他们感到困惑，请考虑重写那部分。

在写完并修正初稿后，重复这个过程，根据需要写出尽可能多的草稿。你的目标是不断修改，直到完成所有必要的实质性改动。

步骤 7　完成终稿

在完成所有实质性修改后，你应该完成你要提交的终稿。终稿不仅应反映大的改动，还要更正所有的小错误——拼写错误、排印错误、语法错误、用词错位、标点错误和文献引用错误。这项任务主要是校对工作。在这个阶段，你还应该根据老师要求，对文稿进行格式编排。(如果没有规定具体要求,请遵循附录 A 中给出的指南。)

完成清晰终稿的关键是间断时间——在这段时间里,你可以放下最后的草稿,专注于其他事情。放下草稿一天左右后再回来看,有助于发现之前被你忽略的错误。这种重新审视能发现的错误之多,可能会让你惊讶。如果你不能把文章放在一边,可以请朋友读一读,并给你一些建设性的批评意见。

快速回顾:哲学论文写作步骤

第 1 步:选择一个主题,并将其缩小为一个具体问题。

第 2 步:研究该问题。

第 3 步:撰写论点陈述。

第 4 步:创建整篇文章的提纲。

第 5 步:撰写初稿。

第 6 步:仔细检查并修改初稿。

第 7 步:完成终稿。

附带注释的范文

以下是神命论文章的完整版,其中展示了本章讨论的许多注意事项——组织、论证、论点、解释、句子清晰度等。

神命论

约翰·多伊（John Doe）

哲学 201 课程：道德问题导论

约翰斯（Johns）教授

2018 年 10 月 25 日

1.【引入主题】许多人认为上帝是法律的制定者，只有他定义了行为的对错。换句话说，上帝是道德的权威；上帝命令做的事情是对的，且只有上帝命令做的事情才是对的。根据这种观点，在上帝如此规定之前，没有对错之分，没有什么是独立于上帝的旨意而本身就是道德的或不道德的。上帝，也只有上帝才能决定对错。【定义关键术语】这种观点被称为道德神命论。

2.【明确要讨论的理论版本】该理论的一个简单版本如今广为接受，不管是在宗教人士还是在非宗教人士中。在这个版本中，上帝被认为是所有道德原则和价值观的源泉。他之所以能成为所有道德的源泉，是因为他无所不能，有能力做任何事，包括创造对错的根基。

3.【进一步提供问题背景信息】【注明了出处】在《游叙弗伦篇》中，苏格拉底提出了可能是对该理论最古老、最强有力的批评。他实际上是在问，一个行为是因为是上帝的命令才对，还是因为它是对的所以上帝才命令？[1] 这个问题揭示了该理论所固有的两难困境：如果一个行为因为是上帝的命令才是对的，那么这个行为本身并没有什么使其对的地方，上帝的命令是任意的。如果上帝命令一个行为是因为它本身是对的（也就是说，他并没有*使*这个行为成为"对"），那么"对"似乎是独立于（或先于）上帝的，神命论就为假。【论点陈述】我认为，至少在该理论的最简版本中，这个古老的困境依然存在，而解决这个困境最合理的方法就是拒绝该理论，接受道德标准必定独立于上帝的命令而存在这一点。

4.【作者为论点提出的第一个论证】反对"对错取决于上帝的命令"这一观点的核心论证是：如果一个行为只因为是上帝的命令才是对的（也就是说，行为本身没有对错，或者说独立于上帝），那么暴行、谋杀、酷刑和许多其他可怕的行为如果是上帝命令的，就是对的。如果上帝命令这些行为，那么它们就是对的，没有人会因为这样做而犯错。在这个理论的简单版本中，上帝的力量是没有任何限制的，因此他确实可以下达这样的命令。如果没有上帝的旨意，任何事情都没有对错之分，那么他就没有理由命令或禁止谋杀、批准或禁止折磨无辜者。因此，如果上帝命令即"对"，那么上帝的命令就是任意的——这种推论对宗教人士和非宗教人士来说都是说不通的。

5.【作者为论点提出的第二个论证】还可以进行平行论证。如上所述，如果一个行为只因为是上帝的命令才是对的，那么暴行、谋杀、酷刑和许多其他可怕的行为，如果上帝命令如此，那么就会是对的。这意味着，这些不道德的行为——从普遍道德标准来看是不道德的——可以被上帝转化为道德行为。然而，这种推论对宗教人士和非宗教人士来说也都是说不通的。

6.【作者解释并且驳斥了对论点的主要反驳】对上述论证的主要反驳是，上帝绝不会命令我们犯下滔天罪行。他不会，因为他在道德上是完美的，是全善的。然而，这种反驳是乞题的；这是一个循环论证。神命论是用来解释什么使一个行为"对"，什么使一件事成为道德上的善。但是，试图通过说上帝是善的来定义什么是善，这是在兜圈子：上帝的命令是善的，它们之所以是善的，是因为它们是上帝的命令。这种定义使神命论沦为模棱两可的空话。如果我们想更好地理解什么使一个行为"对"，我们就不能相信这样的定义。

7.【引入引文】道德哲学家詹姆斯·雷切尔斯以略微不同的方式提出了同样的论证：

8.【引自资料来源，有尾注】[如果]我们接受这个观念，即上帝的意志定义好坏，那么这个概念就没有任何意义了。说上帝的命令是好的，这意味着什么？如果"X是好的"是指"X是上帝的命令"，那么"上帝的命令是好的"就仅仅意味着"上帝的命令是上帝的命令"，这是一个空洞的自明之理。[2]

9.【结论：总结论点的论证和论点重述】回到苏格拉底的困境，一个行为要么只因为是上帝的命令才是对的，要么独立于上帝的命令而本身是对的（或错的）。正如我们所看到的，如果一个行为只因为是上帝的命令才是对的，那么上帝的命令就一定是任意的，并且他可能认可明显不道德的行为。既然这两种后果都是不可接受的，我们就必须接受第二种选择："对"必须独立于（或先于）上帝的命令。因此，我们必须拒绝最简单版本的神命论。

---

[1] Plato, *Euthyphro* in *The Trial and Death of Socrates* (Cambridge: Hackett, 1975).

[2] James Rachels, The Elements of Moral Philosophy (New York: McGraw-Hill Higher Education, 2003), 51.

第五章 避免谬误推理

你现在肯定知道，论证是大多数哲学写作的重点。回想一下，论证是一系列陈述的组合，其中一些陈述旨在支持另一个陈述。需要得到支持的陈述是结论；用来提供支持的陈述是前提。前提应该是接受结论的理由。进行哲学阅读时，你需要确定你所遇到的论证是不是好的。进行哲学写作时，你需要确保你用来支持自己观点的论证也是好的。你需要避免被一个糟糕的论证所愚弄，也要避免用一个糟糕的论证愚弄他人。

如果你在看到谬误时知道如何加以识别，你就能更加熟练地掌握这些技能。**谬误（fallacies）**是常见但糟糕的论证。它们是有缺陷的论证，经常出现在文字和口语中，以至于哲学家给它们起了名称，并指导我们如何识别和避免它们。

许多谬误不仅仅是失败的论证，它们还有着似是而非的吸引力。它们很容易显得可靠或有说服力，从而误导你和读者。谬误有潜在的狡猾性，这是另一个研究谬误的好理由。

本章回顾了许多最常见的谬误，解释了它们为什么是假的，以及如何在日常阅读和写作中发现它们。使用本章材料的最佳方法是研究每一个谬误，直到你无论遇到什么文段，都始终能找出谬误。

第五章 避免谬误推理

稻草人

稻草人谬误是指歪曲一个人的观点，以便更容易对其进行攻击或不予考虑。比方说，你认为伊拉克战争在人员伤亡和资金投入方面代价太高，而你的对手是这样回答的：

> 我的对手认为，伊拉克战争对美国来说太难了，实际上，我们应该见好就收。但是，我们为什么一定要采取懦夫的做法呢？

如此，你的观点被扭曲了，被弄得比真实的观点看起来更极端或更激进，现在很容易成为众矢之的。我们应该"见好就收"或"采取懦夫的做法"的观念，并**不能**从"为伊拉克战争所付出的代价太高"的陈述**得出**。

这种稻草人式的扭曲当然不能证明任何东西，但每天都有很多人上当。这种谬误可能是政治中最常使用的一种谬误推理。它在许多其他类型的论证中也很流行——包括学生的哲学论文。

稻草人谬误的一种流行形式被称为"**挑疯子**"（**nutpicking**）。这种谬误等同于把反对群体中最极端的成员当作整个群体的代表。例如，"终身民主党人史密斯众议员说，最好的政府是专制政府。民主党人绝对疯了！"

与此相关的一个伎俩是**把反对方激进化**（**radicalizing the opposition**）。这涉及将反对群体有保留的、适度的主张转变为绝

119

对的、激进的主张,以便更容易对其进行攻击或反驳。你说:"我认为这项政策在某些情况下可能会导致错误或问题。"**你的对手**却说:"所以你是说这项政策总是会出问题。为什么要制定如此荒谬的政策呢?"

诉诸个人

与稻草人谬误密切相关的是**"诉诸个人"**谬误(也称**"针对个人"**谬误)。诉诸个人是指:拒绝接受某项陈述,理由是它来自某个特定的人,而不是该陈述或主张本身虚假或可疑。比如:

你只管放弃苏珊关于政府的任何说法。她是一个不折不扣的社会主义者。

约翰逊认为我们目前的福利制度有缺陷。但别听他的,他是个保守派。

这些论证都有缺陷,因为它们要求我们因某人的性格、背景或环境而拒绝接受这个人提出的主张,而这些因素通常与其主张的真实性无关。陈述必须**根据其本身的是非曲直**来判定其真假。拥护某个观点之人的个人特征并不必然与其观点的真假有关。只有当我们能够证明某人的可疑特质在某种程度上使其主张变得可疑时,我们因为某人的个人特征而拒绝接受其主张才是合理的。但这种情况并不多见。

论文中的针对个人攻击

学生的哲学论文中经常会在不知不觉中出现针对个人的论证。部分理由是有些诉诸个人谬误并不那么明显。例如：

"斯温伯恩（Swinburne）的宇宙论论证是一次严肃的尝试，试图证明上帝是宇宙存在的最佳解释。然而，他是一位著名的有神论者，这一事实让人对其论证的说服力产生了怀疑。"

"丹尼特（Dennett）从唯物主义者的立场出发进行论证，因此他一开始就带有偏见，我们需要考虑到这一点。"

"一些反对死刑的最有力论证来自一些真正的死刑犯。他们显然在证明死刑在道德上是错误的这一点上存在既得利益。因此，我们不得不对他们的论证——无论多么令人信服——持怀疑态度。"

诉诸流行

诉诸流行（appeal to popularity，或称**诉诸大众**[appeal to the masses]）是另一种极常见的谬误。它是说，一种主张之所以一定为真，并不是因为它有好的理由支持，而仅仅是因为有很多人相信它。这种观点认为，出于某种原因，真理存在于大多数人中。例如：

当然有上帝。每个人都相信这一点。

70%的美国人相信总统的减税政策对经济有利。所以别跟我说减税对经济没好处。

大多数人认为琼斯有罪,所以他有罪。

在这些论证中,结论之所以被认定为真,仅仅是因为有很多人相信这个结论。然而,相信一个主张的人数与该主张的真实性无关。真正重要的是,有多少好的理由支持该主张。在许多事情上,许多人曾经是错的,现在也是错的。许多人曾经相信地球是平的,美人鱼是真实存在的,人祭有助于庄稼生长。这些都是错误的。

但是,请记住,如果接受某种主张的人恰好都是专家,那么接受这种主张的人数**可能**与主张的真实性有关。二十个专业天文学家预测有日食,比一百个非专业人士发誓不会发生日食更可靠。

诉诸传统

诉诸传统(appeal to tradition)实际上是诉诸流行谬误的一种。它认为,仅仅因为一个主张得到了传统的认可,它就一定为真。这种论证实际上是说,一个陈述之所以为真,是因为它长期以来一直为人们所坚持(或认可)。诉诸传统是谬误,因为从逻辑上讲,一种传统主张是否久远与其是否为真无关。以久远传统为支撑的主张可能是错误的——且往往是错误的。考虑一下:

死刑是对滔天罪行的正义惩罚。这一观点一直是这个社会所持的传统立场。这一点毋庸置疑。

　　古老的萨满巫术是有效的。美洲原住民已经使用了数百年。

另一方面，仅仅因为某项主张是传统的就对其不予考虑也是谬误的。一种主张是传统的，单单这个事实根本不是拒绝它的好理由。拒绝或接受必须基于充分的根据。

生成谬误

生成谬误（genetic fallacy）是一种类似于诉诸个人的伎俩——认为可以根据陈述的来源来判断其真假。诉诸个人谬误认为，某人的特质或环境可以说明问题。生成谬误则认为，一个陈述的真伪应该取决于个人之外的来源——组织、政治纲领、团体、思想流派，甚至是特殊的精神状态（如梦境和直觉）。你看：

　　新的军事改革理念一定是胡说八道。它来自一个自由派智囊团。

　　在市议会会议上，赫尔南多说他有一个计划来控制19号公路上的车祸数量。但可以肯定的是，不管是什么计划，都是考虑不周的——他说这个计划是在他吸食大麻时想到的。

　　美国参议院正在考虑一项改革平权法案的提案，但你知道他们的想法一定很荒谬。他们对弱势群体的权利了解多少？他们都是一群有钱的白人。

含糊其词

含糊其词（equivocation）谬误是指在论证中对同一个重要词语赋予两种不同的含义。该词在前提中使用的是一种含义，而在论证的另一处使用的是另一种含义。这种意义上的转换会欺骗读者，扰乱论证，使论证变得无效或比应有的薄弱。这里有一个典型的例子：

> 只有人（man）才是理性的。
> 女人不是男人（man）。
> 因此，没有女人是理性的。

还有一个：

> 你是个糟糕（bad）的作家。
> 如果你是个坏（bad）作家，那么你就是个坏小子。
> 因此，你是个坏小子。

第一个论证在"man"这个词上含糊其词。在第一个前提中，"man"指的是人类；而在第二个前提中，"man"指的是男性。因此，该论证似乎在证明女性是不理性的。如果给两处"man"赋予相同的含义，就能更好地看出其中的伎俩。就像这样：

只有人（human）才是理性的。

女人不是人（human）。

因此，没有女人是理性的。

在第二个论证中，模棱两可的词语是"bad"。在第一个前提中，"bad"意为无能；在第二个前提中，"bad"意为不道德。

诉诸无知

顾名思义，这种谬误试图用我们不知道的东西来证明某事。**诉诸无知**（appeal to ignorance）是指论证（1）一个主张为真，因为它还没有被证伪，或者（2）一个主张为假，因为它还没有被证实。比如：

科学家们想尽了办法，却始终无法反驳来世的存在。由此得出的结论是，来世确实存在。

超级绿藻可以治愈癌症。没有任何科学研究表明它不起作用。

没有人证明过ESP（超感知觉）是真实存在的。因此，它并不存在。

没有证据表明领取福利金的人勤劳负责。因此，他们不勤奋、不负责任。

前两个论证试图通过指出一个主张还没有被证伪来证实这个主张。后两个论证试图证明，一个主张为假是因为它还没有被证实。这两种论证都是假的，因为它们都假定：证据的缺乏能证明什么事。然而，证据的缺乏并不能证明什么。对事实一无所知并不能启发我们。

　　请注意，如果证据的缺乏可以证明什么，那么你就可以证明任何你想证明的东西。比如，你可以推理说，既然没有人能证明马不会飞，那么马就一定会飞。既然没有人能反驳你拥有超能力，那么你就一定拥有超能力。

　　诉诸无知通常采取的形式是要求某人证明一个普遍的否定。所谓"普遍的否定"，是指主张某一特定类型的东西不存在。你能证明飞马不存在吗？你能证明紫色小精灵不存在吗？独角兽或半人马呢？这样的证明要求完全不合理，因为它们提出了不可能的要求。要证明飞马或独角兽不存在，你必须做一件任何人都做不到的事——寻遍宇宙。当然，你可以证明更有限的否定说法，比如"这间房子里没有书"或"这个池塘里没有鱼"。然而，要求证明一个普遍的否定，既荒谬又不公平。

虚假两难

　　在两难选择中，你被迫在两种毫无吸引力的可能性中做出选择。**虚假两难**（false dilemma）的谬误在于错误地认为，既然只有两种选择，而其中一种是不可接受的，那么另一种就一定为真。考虑一下：

> 你必须听劝。要么卖车付房租,要么房东把你扔到大街上。你显然不会卖车,所以你会被赶走。
>
> 你必须面对毒品战争的残酷事实。我们要么必须花费数十亿美元来增加针对贩毒集团的军事和执法行动,要么必须让所有毒品合法化。显然,我们不会让所有毒品合法化,所以我们必须花费数十亿美元用于打击贩毒集团的行动。

第一个论证说,只有两个选择:要么卖车,要么被赶走,既然你不会卖车,那你就会被赶走。这个论证是谬误的,因为第一个前提(可能)为假——这里似乎不止两个选择。你可以找份工作,向朋友借钱,或者卖掉你的DVD播放器和电视机。如果这个论证看起来令人信服,那是因为它排除了其他可能性。

第二个论证认为只有两条路可走:花费数十亿美元打击贩毒集团,或者让所有毒品合法化。既然我们不会让所有毒品合法化,那么我们就必须花费数十亿美元来打击贩毒集团。然而,第一个(非此即彼)前提为假,因为至少还有其他三种选择。我们可以将数十亿美元用于减少和预防毒品的使用,可以给予毒品生产商金钱奖励,让他们转而从事非毒品生意,或者只让部分毒品合法化。

乞 题

乞题(begging the question)谬误是试图用同一个结论作为

支持来证明该结论。这是一种循环论证。这种试图证明某事的方式实际上是说:"X是真的,因为X是真的。"很少有人会在这种简单形式上上当受骗,但更微妙的乞题谬误可能会很有欺骗性。例如,下面这个例子就是典型的乞题,是批判性思维教科书的主要内容:

> 《圣经》说上帝存在。
> 《圣经》是真实的,因为它是上帝写的。
> 因此,上帝存在。

这里的结论("上帝存在")是由预设这一结论的前提支持的。

还有一个例子:

> 所有公民都有权获得公平审判,因为国家有义务保护和照顾的人,必然应该获得按照任何合理标准都是公平的刑事司法程序。

这段话初看起来似乎是个好的论证,但其实不然。它可以归结为这样一个平淡无奇的论断:"所有公民都有权获得公平审判,因为所有公民都有权获得公平审判。"结论是"所有公民都有权获得公平审判",但这几乎就是前提的意思。前提——"国家有义务保护和照顾的人,必然应该获得按照任何合理标准都是公平的刑事司法程序"——等同于"所有公民都有权获得公平审判"。

当循环推理变得微妙时，它甚至会使其创造者陷入圈套。如果前提和结论说的是同一件事，但以不同的复杂方式表达出来，这种谬误就很容易潜入论证中。

草率概括

草率概括（hasty generalization）谬误是指根据不充分的群体或类别样本，对整个群体或整类事物下结论。例如：

> 我一生中遇到的三位大学教授都是秃头。因此，所有大学教授都是秃头。
>
> 我在加州大学伯克利分校采访了100多名学生，其中有80名是民主党人。因此，80%的大学生都是民主党人。
>
> 整整一周，我都站在艺术博物馆外面，采访进出大楼的人。我问他们是否收听美国全国公共广播电台，70%的人说收听。显然，这个城市的大多数人都收听美国全国公共广播电台。

样本不充分的原因可能是样本太少，也可能是样本的代表性不够。在第一个论证中，样本不充分的程度令人发指。当然，最明显的问题是样本太少（也不具代表性）。根据三个样本，你无法得出任何可靠的关于所有大学教授的结论。

第二个论证中的样本也不充分。无论这个样本在伯克利有多大，都不能代表所有大学生。大学生是一个政治多元化的群体，政治观点各式各样。伯克利学生的观点很可能不同于许多其他大学的学生。

第三个论证中的样本也存在同样的问题。由于调查是在一家艺术博物馆前进行的，样本很可能反映的是博物馆参观者的偏好，而不是整个城市的市民的偏好。无论样本是大是小，都不具有足够的代表性。

滑　坡

这种谬误背后的隐喻暗示着踏上不稳定的斜坡、失去立足点并滑向灾难的危险。因此，**滑坡（slippery slope）**谬误就是错误地认为，不应该采取某种行动，因为它必然会导致其他行动，造成某种可怕的结果。这里的关键词是**错误地**。既然没有理由相信所预测的一连串事件会发生，假想的滑坡情形就是谬误的。例如：

> 必须阻止同性婚姻的趋势。如果允许同性恋结婚，那么男女之间的传统婚姻就会被贬低，从而导致离婚率上升。而离婚率的上升只会伤害我们的孩子。

这个论证是谬误的，因为我们没有理由相信同性婚姻最终会导致上述一系列事件。如果能给出好的理由，这个论证或许还有挽回的余地。

合 成

有时，事物的部分如何，其整体也如何，有时则不然。**合成**（**composition**）谬误就是错误地认为，适用于部分的也适用于整体。考虑一下：

组成这座房子的每块木头都很轻。因此，整座房子很轻。

排里的每个上兵都很熟练。因此，这个排很熟练。

这辆车的月供很低。因此，这辆车的价钱很低。

请记住，有时整体与部分具有相同的特性。如果火箭的每个部分都是钢做的，那么整个火箭也是钢做的。

分 割

如果把合成谬误颠倒过来，就会产生**分割**（**division**）谬误——错误地认为适用于整体的也适用丁部分：

房子很重。因此，房子的每个部分都很重。

这个排非常有战斗力。因此，排里的每个成员都很有战斗力。

那群大象每天要吃大量的食物。因此，象群中的每头大象每天都要吃大量的食物。

反唇相讥

所谓**反唇相讥**（**Whataboutism**），是指通过辩称对手犯有同样严重或更严重的罪行来推翻对自己的指控——这当然是题外话，对反驳原指控毫无帮助。**唐纳德·特朗普在弹劾指控面前为自己辩护**："克林顿与俄罗斯的所有关系，包括波德斯塔公司（Podesta Company）、铀交易、俄罗斯重启（Russian Reset）、大额演讲（big dollar speeches）等，又如何呢？"

> **快速回顾：常见谬误**
>
> - **稻草人**：歪曲一个人的观点，以便更容易对其进行攻击或不予考虑。
> - **诉诸个人**：拒绝接受某项陈述，理由是它来自某个特定的人，而不是该陈述或主张本身虚假或可疑。
> - **诉诸流行**：认为一种主张之所以一定为真，并不是因为它有好的理由支持，而仅仅是因为有很多人相信它。
> - **诉诸传统**：认为仅仅因为一个主张得到了传统的认可，它就一定为真。
> - **生成谬误**：认为可以根据陈述的来源判断其真假。
> - **含糊其词**：在论证中对同一个词赋予两种不同的含义。
> - **诉诸无知**：论证（1）一个主张为真，因为它还没有被证伪，

或者（2）一个主张为假，因为它还没有被证实。
- **虚假两难**：错误地认为，既然只有两种选择，而其中一种是不可接受的，那么另一种就一定为真。
- **乞题**：试图用同一个结论作为支持来证明该结论。
- **草率概括**：根据不充分的群体或类别样本，对整个群体或整类事物下结论。
- **滑坡**：错误地认为，不应该采取某种行动，因为它必然会导致其他行动，造成某种可怕的结果。
- **合成**：错误地认为，适用于部分的也适用于整体。
- **分割**：错误地认为，适用于整体的也适用于部分。
- **反唇相讥**：通过辩称对手犯有同样严重或更严重的罪行来推翻对自己的指控。

第六章　使用、引用资源，注明出处

可能很少有人在撰写哲学论文时，不会在某一点上以某种方式依赖其他作品——论文、书籍、期刊、杂志和参考工具书。依靠这些资源一般来说可以写出更好的哲学论文。问题是，许多写作者不知道如何正确、有效地使用资源，他们的论文（和成绩）也因此受到影响。如果你属于这种情况，下面的规则应该会对你有所帮助，并可作为日后的有用参考。

规则 6-1　知道何时以及如何引用资源

引用是指在你自己的写作中使用某人的原话。如果你决定引用，你应该有好的理由才这样做。一个很好的理由是，作者的话最清楚或最好地表达了你想表达的观点（否则，转述或总结可能更有效）。另一个理由是，你正在批评或解释作者的主张或论证，因此确切表明作者如何表达很重要。一般来说，你不应该出于与论文论点**无关**的原因使用引文。例如，不能因为想不出什么可说的而引用，不能因为想掩饰自己对材料缺乏理解而引用，也不能因为想让论文篇幅达到要求才引用。你的老师会识破这些伎俩的。更糟糕的是，这样做很可能会让你对主题更加不了解。

引文不像调味料，不能随意撒在论文中以改善论文的整体风味。每段引文都必须恰当地导入和解释。当你引用材料时,你必须确保读者知道它是谁写的(你还是其他人),它与你的论点以及当前的观点有何联系。你的读者绝不应该去思考:"这是谁说的话,与这里的讨论有什么关系?"

下面举例说明将把引文融入论文的常见方法:

> 即使存在一个邪恶的天才,笛卡尔相信他至少知道一件事,那就是他的存在。"那么毫无疑问,即使他欺骗我,我也是存在的",笛卡尔说,"任凭他怎么欺骗我,只要我认为我是存在的,他就永远无法使我成为虚无"[①]。
>
> 这一论证从一个关于世界的事实出发,试图证明上帝的存在是对这一事实的最好解释。然而,理查德·盖尔(Richard Gale)总结了这种论证根深蒂固的问题:"针对宇宙论论证提出的最有说服力的反驳是,这样的存在是不可能的,从而表明这一论证的结论必然为假。"[②]
>
> 这一论证从一个关于世界的事实出发,试图证明上帝的存在是对这一事实的最好解释。然而,理查德·盖尔指出,对宇宙论论证中的上帝提出的最重要的反驳是:"这样的存在是不可能的,从而表明这一论证的结论

[①] René Descartes, *Meditation II*, trans. Elizabeth Haldane and G. R. T. Ross, in *The Philosophical Works of Descartes*, vol. 1 (Cambridge: Cambridge University Press, 1931), 150.

[②] Richard M. Gale, *On the Nature and Existence of God* (Cambridge: Cambridge University Press, 1991), 238–239.

必然为假。"①

请注意，为了表示引文的开始和结束，要在引文前后加上引号。除本章后面提到的几种情况外，引号之间除了作者的原话，不允许有其他内容——不得转述、不得总结、不得添加词语。

很长的引文不加引号，而采用所谓块状形式（block form）。通常情况下，四行至十行的引文采用块状形式，通过在引文上下留出额外空间以及缩进引文左侧边缘的方式，将正文与引文分隔开来。例如：

> 如果一个预测被证明为假，我们总是可以通过修改背景理论来挽救这个假设。正如菲利普·基切尔（Philip Kitcher）所指出的：
>
> 单个的科学主张不会，也不可能逐一直面证据。相反……"假设是成批地被检验的。"……我们只能检验相对大批的主张。这意味着，当我们的实验出现问题时，按照逻辑，我们不必归咎于任何特定的主张。我们总是可以通过否定（无论多么说不通）这批主张中的某个，以挽救我们所珍视的假设免于被驳倒。②

---

① Gale, *On the Nature and Existence of God*, 238–239.
② Philip Kitcher, "Believing Where We Cannot Prove," in *Abusing Science* (Cambridge: MIT Press, 1982), 44.

如前所述，直接引语应与原文逐字逐句相符。这条规则的推论是，如果（1）你的修改没有歪曲作者的意思，并且（2）你已将你的修改恰当地告知了读者，你可以修改引文。写作者有时会修改引文，以使其更易读或删除无关材料。

表示引文被改动的一种方法是使用省略号——三个连续的圆点或句点，每个圆点或句点前后都有一个空格。① 使用省略号表示引文中省略了词语，用它们来表示句子中的省略。

> 威廉·弗兰克纳（William Frankena）认为，任何适当的道德理论都必须包含某种正义原则，但该原则不能过于宽泛。正如他所指出的："平等待人……并不意味着使他们的生活同样美好或保持在同样的美好水平上。"②

这里省略了"在这个意义上"，因为已经确定了要表达的意义，所以它们是不必要出现的。

还可以使用省略号来表示省略了一整句或多句。如果省略的内容在一个完整的句子之后，则在该句的句点后插入省略号。

> 功利主义并不要求只惩罚有罪的人，也不要求罪刑相适应。然而，绝对命令则两者都要求。正如康德所说：
>
> 但是，公共正义采用什么样的惩罚方式和

---

① 中文省略号为六个圆点，占两个字符的位置，在一行中上下居中。——译者注
② William K. Frankena, *Ethics*, 2nd ed. (Englewood Cliffs: Prentice-Hall, 1973), 51.

> 尺度作为其原则和标准呢？那就是对等原则，通过这一原则，正义的天平的指针将更多地偏向一方而不是另一方……因此，可以说："诽谤别人，就是诽谤自己；偷别人的东西，就是偷自己的东西；打别人，就是打自己；杀死别人，就会杀死自己。"这是唯一……可以确定公正惩罚的性质和数量的原则。①

另一种表示引文已更改的方法是使用括号（也称方括号）：[ ]。你可以使用括号在引文中添加或替换上自己的话，以澄清措辞或使引文的语法与上下文一致。

> 行为科学通过质疑自主的人所实施的控制，通过证明环境的控制力，似乎也在质疑[人的]尊严和价值。[传统观点认为]人要对自己的行为负责，这不仅是指当他行为不端时，他能受到公正的惩罚，而且是指他的成就应该得到赞扬和钦佩。科学分析却将功劳和责任都转嫁给了环境，这样一来，传统做法就不再有道理了。②

请记住，无论是使用省略号还是括号，都必须确保不歪曲作者的意思。

---

① Immanuel Kant, *The Metaphysical Elements of Justice*, trans. John Ladd (Indianapolis: Bobbs-Merrill, 1965), 99–107.
② B. F. Skinner, *Beyond Freedom and Dignity* (New York: Bantam, 1971), 17, 19.

规则 6-2　不得剽窃

剽窃（plagiarism）是指窃取他人的观点或文字，不管有意还是无意（大部分是无意的）。剽窃是对读者、被剽窃作品的作者以及学术诚信理想的严重侵犯。对剽窃行为既有学术的惩罚，也有法律的惩罚，而且通常极为严厉。

当你在自己的作品中使用他人的观点或文字而不注明其真正来源时，你就是在剽窃。以下情况属于剽窃行为：

1. 你没有交代清楚你从资源中借用了什么。
2. 你没有交代清楚你所借用的资源的作者。

如果你没有将逐字重复的他人的话用引号括起来，或者你没有明确区分你自己与他人的观点、意见和论证，你就违反了准则 1。如果你没有正确注明所使用材料的来源，则违反了准则 2。

使用其他作者的原话而不加引号是最明目张胆的剽窃行为。它明显违反了准则 1。但是，如果你不致谢或不注明引文原话的作者，无论是否标有引号，也属于剽窃。这种错误违反了准则 2。

同样，如果你转述或总结另一位作者的作品而没有正确引用，你也是剽窃。当你进行转述或总结时，你并没有直接引用，而是在陈述作者的想法、观点或论证。如果你没有注明作者是资料的来源，你就是把作者的想法、观点或论证据为己有——就违反了准则 2。

如果你转述或总结了作者的作品，注明了出处，但没有准确区分作者的观点和你自己的观点，这也属于剽窃行为——违反了准则1。

剽窃是指使用他人的作品而不注明其来源。但是，它不适用于被视为常识的材料，即众所周知的事实或某一领域专家共同知晓的事实。例如，注明以下事实的来源是没有意义的：伊曼努尔·康德死于1804年、水的结冰温度为32°F、一鸟在手胜过双鸟在林，或者**肯定前件式**是一种有效的论证形式。

对初次涉及某一门学科的人来说，确定什么是该领域的常识是一项挑战。一般来说，如果你在某一研究领域经常遇到相同的事实，或者如果它们是参考工具书中常见的信息，你就可以认为它们是常识。如果你不确定什么应该注明出处，什么不应该，请询问你的老师。

总之，以下任何一种形式都属于剽窃：

- 直接引用作者原话，而没有同时包含引号和出处注明。
- 转述或总结论证而不注明出处。
- 在转述或总结中使用作者的某些原话，但不加引号。
- 在转述和总结中过分模仿作者的语言和风格（即使注明了出处，也属于违规行为）。

有关剽窃和正确转述的例子，请参阅第一章中的"撰写转述或总结"。

规则 6-3　谨慎注明出处

当你在论文中注明出处时，你应该使用一个文献引用系统，准确说明你的资料来源是谁或是什么。有多种系统可供选择，你的老师可能会要求你使用一种特定的系统。不过，有两种系统在人文学科中相当流行，我们将在此仔细研究它们。

文献—注释（documentary-note，或称人文学科［humanities］）系统是哲学中使用最多的文献引用系统。该系统在《芝加哥手册》（CMS）[1] 中得到了最详细、最权威的描述。该系统的特点是在正文中使用上标（小号、抬高的）数字来指向脚注（位于页面底部）或尾注（位于论文末尾）中的信息。教师通常坚持要求随附参考书目（规则6-4）。

另一种方法是作者—页码系统（author-page system），是现代语言协会（MLA）推荐的一种形式。[2] 该系统会在正文中提供一些来源信息（例如作者姓名和页码），并在论文末尾的列表中提供进一步的相关信息，该列表通常被称为"引用作品"（Works Cited）或"参考文献"（References）。正文中的出处注明会在圆括号内包括作者姓名和页码，或者在正文的句子中提到作者姓名的情况下，只会在作者姓名旁用圆括号包括页码。

附录 B 解释了如何使用 CMS 文献—注释系统或 MLA 作者—页码系统注明资料来源。你可以在 CMS 和 MLA 出版物中找到更多相

---

[1] *The Chicago Manual of Style*, 17th ed. (Chicago: University of Chicago Press, 2017).
[2] *MLA Handbook*, 9th ed. (New York: Modern Language Association of America, 2021).

关信息。

规则 6-4　必要时建立参考书目

参考书目（bibliography）是用于研究和撰写论文的资料来源的列表。通常情况下，即使论文已有注释页，老师也会要求学生在论文中附上参考书目。然而，他们不太可能要求使用作者—页码系统的论文提供参考书目，因为引用作品列表可以代替参考书目。无论如何，是否提供参考书目最终必须由指导老师决定。

参考书目必须包括论文中引用的所有作品，但有时也会包含参考过但未引用的资料。这也是指导老师可以澄清的一点。

书目应按作者或编者姓氏的字母顺序排列，如果作者不详，则按作品名称的第一个重要单词（即不包括 the、an 和 a）排列。参考书目应放在参考注释之后，另起一页。它的页码还应与论文的其他部分连续。

像处理（MLA 文献引用系统中的）引用作品列表一样处理参考书目的条目：条目的第一行向左平齐，随后各行缩进。如果同一作者有多部作品被引用，第一部作品会包含作者姓名，但后面的作品会用三个连字符和一个句点代替作者姓名。

事实证明，MLA 引用作品列表的基本格式与 CMS 建议的参考书目的格式几乎完全相同。为了简化问题，你可以使用引用作品列表的指南来为使用 CMS 文献—注释系统的论文创建参考书目。确定你的老师是否有偏好。无论如何，CMS 和《MLA 手册》(*MLA Handbook*) 都能提供权威的帮助。

第二部分

参考指南

REFERENCE GUIDE

112 　　以下两章是良好写作规则的简要目录，可以供你快速参考许多最常见的错误和基本技巧。第七章介绍了有效句子的写作；第八章介绍了选词的基础知识。

　　如果你真的想提高写作水平，这个指南应该会对你有所帮助——无论你是从头到尾通读一遍，还是在遇到写作问题时参考它。如果你想把它作为参考资料，你可以翻阅各章节，或者浏览书中的扩展索引，查找与特定写作错误或技巧相关的关键词。该索引提及许多写作技巧、错误和建议。

第七章　写出有效的句子

规则 7-1　使主语和动词在数量和人称上一致

主语和动词必须在数量（单数或复数）和人称（第一、第二或第三）上一致。如果不一致，这个句子不仅语法不正确，还可能令人困惑，分散注意力。

正确：The **clerk does** all the paperwork for you.（主语 **clerk** 是第三人称单数，与动词 **does** 一致）（办事员会为您完成所有文书工作。）

错误：The **clerk** do all the paperwork for you.（主语 **clerk** 是第三人称单数，与动词 **do** 不一致）

不要被分隔主语和动词的复数名词所迷惑。它们不会改变主谓关系。

错误：The **production** of better trucks and of the many gadgets that make driving vehicles easier have changed the market.（主语是 **production**，所以动词应该是单数——**has changed**，而不是 **have changed**）（更好的卡车和许多使车辆驾驶更轻松的小工具得到生产，市场因此发生

改变。)

114 　　不定代词 anyone、everyone、each、each one、someone、everybody、nobody、something、somebody、anything、neither 和 either 都用单数动词。

　　　　错误：Every boy in the class are doing work.
　　　　正确：Every boy in the class is doing work.（班上每个男生都在做作业。）
　　　　错误：Each of them are counting on you.
　　　　正确：Each of them is counting on you.（他们每个人都指望着你。）
　　　　错误：Nobody in the platoon shoot straight.
　　　　正确：Nobody in the platoon shoots straight.（整个排没一个人能打准。）

　　但是，不定代词 none 和 any 根据其所指，可以使用单数动词或复数动词。如果它们指的是单数名词或单数代词，则需要单数动词；如果是复数名词或复数代词，则需要复数动词。（提示：当 none 表示"没有人"［no one］或"没有一个人"［not one］时，将其视为单数。）

　　　　单数：None is exempt from prosecution.（没有人可以免于起诉。）

复数：None are repaired quickly enough.（没有一个修复得足够快）

尽管表面上看似相反，但谓语中的名词并不决定动词的单复数。单复数由主语决定。

错误：The biggest problem are all the trees that block the sun.

正确：The biggest problem is the trees that block the sun.（最大的问题是树木挡住了阳光。）

更佳：The trees that block the sun are the biggest problem.（遮挡阳光的树木是最大的问题。）

错误：The tax hikes and the reduction in benefits is a disgrace.

正确：The tax hikes and the reduction in benefits are a disgrace.（增税和减少福利是一种耻辱。）

考虑一下这种形式的句子："...one of the［复数名词］who［或that］+［动词］..."。例如：

正确：George is one of those guys who **work** hard.（乔治是那种努力工作的人。）

主语是 **who**，其先行词是 **guys**，而不是 **one**。因此，动词

work 必须与 **guys** 一致。

在这种形式的句子中，动词的单复数取决于关系代词（**that** 或 **who**），关系代词是复数，因为它指代前面的复数名词。这一原则的例外情况是，如果 **one** 前面是 **only**，则关系代词指代 one，而不是复数名词。

正确：Maria is the only one of my friends who gets As in school.（玛丽亚是我的朋友中唯一在学校里拿好多个 A 的人。）

一般来说，将两个或多个由 **and** 连接的主语视为复数，因此可以使用复数动词。

正确：The man's personal philosophy and his lack of income are at odds.（此人的人生哲学与其低收入不符。）

有时，两个由 **and** 连接的主语实际上指的是一件事。在这种情况下，应该用单数动词。

正确：Ham and eggs is my favorite dish.（火腿蛋是我最喜欢的一道菜。）

正确：This old soldier and scout is a person of rare courage.（这位老战士、老侦察员是一个具有罕见勇气的人。）

当主语是单数时，即使它与其他名词通过诸如 **as well as**、

along with、no less than、together with、accompanied by 和 in addition to 等短语连在一起，也仍然是单数。

正确：Joshua as well as Fred and Susan is very cheerful.（约书亚、弗雷德和苏珊都非常开朗。）

正确：The tide, along with the wind and the rain, was making the trip unbearable.（潮水加上风雨，让旅途变得难以忍受。）

规则 7-2 以并列的形式表达并列的思想

并列表达是良好写作的基本原则。它是指相似的观点应该用相似的语法结构来表达。有效的并列会使句子既均衡又易读。如果在需要并列的地方缺乏并列，就会产生畸形的句子，使读者感到困惑。

问题经常出现在用 and、but、or 等并列连词连接一系列观点的句子中。

不并列：In school you should strive for good grades, perfect attendance, and you should have friends.（在学校里，你应该争取好成绩、全勤，你应该有朋友。）

并列：In school you should strive for good grades, perfect attendance, and generous friends（在学校里，你应该努力取得好成绩、保持全勤，并交到大方的朋友。）

116 这个系列由三个相似的观点组成，但其结构并不是并列的。它以几个名词开始，以一个从句结尾。补救的办法是将这三个项都变成名词或从句。

不并列：Juan's goals are to finish high school, to graduate from college, and a job.（胡安的目标是完成高中学业、从大学毕业和一份工作。）

并列：Juan's goals are to finish high school, to graduate from college, and to get a job.（胡安的目标是完成高中学业、从大学毕业，并找到一份工作。）

同样，我们看到三个类似的观点出现在一个非并列结构中。这一系列中的前两项是不定式短语，但最后一项是名词。确保三项都是不定式短语，问题就解决了。

不并列：I will serve for duty, for honor, and country.

并列：I will serve for duty, for honor, and for country.（我将为责任、为荣誉、为国家而服务）。

成对的观点也应采用类似的形式。

不并列：I see that you are both thrifty and are practical.

并列：I see that you are both thrifty and practical.（我

看你既节俭又实际。）

不并列：She is neither a scholar with distinction nor is she a dabbler with curiosity.

并列：She is neither a scholar with distinction nor a dabbler with curiosity.（她既不是出类拔萃的学者，也不是好奇心旺盛的涉猎者。）

不并列：Being lost in the jungle is better than the prospects of the tribe eating us in the village.

并列：Being lost in the jungle is better than being eaten in the village.（在丛林中迷路总比在村子里被吃掉要好。）

规则 7-3　写完整的句子，而不是片段

句子是一组包含主语和谓语的词语，可以独立存在（即作为独立分句）。句子片段是一组看起来像句子、实际只是句子的一部分的词语。下面是一些隐藏在完整句子中的片段（片段用下划线标出）。

片段：I decided to ride my bicycle into town. <u>Because my car was out of gas.</u>（我决定骑自行车进城。<u>因为我的车没油了。</u>）

片段：Jane says she will never go to another football game. <u>Although many of her friends think that she likes the game.</u>（简说她再也不会去看足球比赛了。<u>但她的许多朋友都认为她喜

欢足球比赛。)

片段：The government may be fooling us with dirty tricks. Such as pretending to care about taxpayers while plotting to raise taxes.（政府可能在用肮脏的伎俩愚弄我们。例如，假装关心纳税人，却密谋提高税收。）

片段：I was able to do a lot of research at the library. Going through just about every journal in the field.（我在图书馆做了很多研究。翻阅了该领域的几乎所有期刊。）

你可以通过以下方法消除写作中的片段：(1)删除它（这是最明显的解决办法）；(2)将它添加到一个完整的句子中；或者(3)将它变成一个完整的句子。例如：

片段：The government may be fooling us with dirty tricks. Such as pretending to care about taxpayers while plotting to raise taxes.

添加到句子中：The government may be fooling us with dirty tricks, pretending to care about taxpayers while plotting to raise taxes.（政府可能在用肮脏的伎俩愚弄我们，假装关心纳税人，却密谋提高税收。）

变成一个句子：The government may be fooling us with dirty tricks. It may be pretending to care about taxpayers while plotting to raise taxes.（政府可能在用肮脏的伎俩愚弄我们。它可能一边假装关心纳税人，一边密谋提高税收。）

即使是最优秀的作家也会时不时地使用片段。不过，他们使用得很少，而且是出于好的理由（比如为了加重语气）。缺乏经验的写作者应避免在学术写作中使用片段，除非他们也有好的理由（然而情况通常不是这样）。

规则 7-4　正确连接独立分句

有时候缺乏经验的写作者会将两个独立分句硬塞在一起，而不是将它们正确连接起来。结果就会出现连写句（run-on sentence）。

连写：Rosa cleaned the office from top to bottom she was finished by the end of the day.（罗莎把办公室从上到下打扫了一遍她在下班前就完成了工作。）

连写：Politicians never seem to tell the truth, how can they live with themselves?（政客似乎从来不说实话，他们良心怎么过得去？）

连写：I knew Aziz was there, I could see his head half-hidden by the curtain.（我知道阿齐兹在那里，我可以看到他的半个脑袋从窗帘后面探出来。）

第一个例子是一种被称为融合句（fused sentence）的连写句。它将两个独立的分句强行连接在一起，而不使用任何标点符号或连接词。另外两个例子被称为逗号拼接句（comma splices），因为在需要更强或更清晰的连接时，这些分句只用一个逗号连接起来。你可以根据自己想要表达的意思，轻松修补所有这些内容。

你可以用逗号**加**并列连词（**and**、**or**、**but**、**for**、**yet**、**so**）将两个分句连接起来，从而修复融合句。逗号总是放在连词前面。

修正：Rosa cleaned the office from top to bottom, and she was finished by the end of the day.（罗莎把办公室从上到下打扫了一遍，她在下班前就完成了工作。）

用分号连接分句也可以达到类似的效果。在这种结构中，不需要使用并列连词。

修正：Rosa cleaned the office from top to bottom; she was finished by the end of the day.（罗莎把办公室从上到下打扫了一遍；她在下班前就完成了工作。）

你可以在分号后加一个连接副词，如 **however**、**consequently** 和 **therefore**，来更具体地说明两个分句之间的关系。

修正：Rosa cleaned the office from top to bottom; therefore, she was finished by the end of the day.（罗莎把办公室从上到下打扫了一遍；因此，她在下班前就完成了工作。）

在每个修改中，这两个分句都或多或少地被赋予了同等的权重，似乎其中哪一个都不比另一个更重要。不过，另一种方法是让其中一个分句从属于另一个分句。

修正：Because Rosa cleaned the office from top to bottom, she was finished by the end of the day.（因为罗莎把办公室从上到下打扫了一遍，所以她在下班前就完成了工作。）

也许最明确的选择是将成对从句改为两个清楚分开的句子。

修正：Rosa cleaned the office from top to bottom. She was finished by the end of the day.（罗莎把办公室从上到下打扫了一遍。她在下班前就完成了工作。）

当然，你也可以用同样的方法修改这两个逗号拼接句。第一个句子由一个陈述句和一个疑问句组成，因此最合理的修改方法是将其变成两个句子。

修正：Politicians never seem to tell the truth. How can they live with themselves?（政客似乎从来不说实话。他们良心怎么过得去？）

对于第二个逗号拼接句，你最初可能会考虑通过在逗号后添加一个并列连词来纠正。不过，你可以将两个分句变成分开的句子，用分号将它们连接起来，或者让其中一个分句从属于另一个分句，这样读起来会更自然。

修正：I knew Aziz was there; I could see his head half-hidden by the curtain.（我知道阿齐兹在那里；我可以看到他的半个脑袋从窗帘后面探出来。）

修正：I knew Aziz was there because I could see his head half-hidden by the curtain.（我知道阿齐兹在那里，因为我可以看到他的半个脑袋从窗帘后面探出来。）

规则 7-5 删除"枯木"

啰唆（wordiness）是指在表达意思时，用词超过了必要的数量。用10个词就能轻松表达的意思却要用20个词来表达，就是啰唆。这是在用"枯木"（deadwood）——不必要的、纯粹占地方的词语，来包装你的文章。衡量文章是否啰唆，不是看你用了多少词，而是看你用了多少**多余的**词。请看这段话：

In light of the fact that an appreciable number of employed workers are exceeding their allotted allowance of excess working hours, it is necessary that for the time being excess hours must be suspended by the foreman until such time as the plant can be updated to better and more modern equipment.（鉴于有相当数量的受雇工人正在超过其规定

限量的超时工作时间的事实，超时工作时间必须暂时被工头停止这点是必要的，直到工厂被更新为更好、更现代化的设备的时候。）

将其与这个版本进行比较：

Because many employees are working too much overtime, the foreman must temporarily suspend it until we can modernize the plant.（由于许多员工加班太多，工头必须暂时停止加班，直到我们能够实现工厂现代化。）

这两句话的意思几乎相同。但是，前一句用了52个词来表达，后一句只用了20个词。第一个句子效率低下、难以理解、呆板沉闷。第二个句子则简洁得多，更容易理解，也更有力。读者宁愿读一整页这样简洁的文字，也不愿读哪怕一段臃肿、浮夸的散文。

造成啰唆的一个常见原因是"枯木"短语，而这些短语的意思只需一两个词就能表达清楚。以下所有短语都有简洁的替代词。

"枯木"	替代词
by means of	by（通过）
in a bold manner	boldly（勇敢地）
in order to	to（为了）

续表

"枯木"	替代词
due to the fact that	because（因为）
the reason why is that	because（因为）
have an effect upon	affect（影响）
in spite of the fact that	though, although（尽管）
at the present time	now, currently（此刻）
at this point in time	now, currently（此刻）
he is a man who	he（他）
she is a woman who	she（她）
concerning the matter of	about, concerning（关于）
because of the fact that	because（因为）
until such time as	until（直到）
has the ability to	can（能够）
for the purpose of	to（为了）
in the event that	if（如果）
in terms of	for, in（就……而言）
give consideration to	consider（考虑）
as to whether	whether（是否）
along the lines of	like（如同）

规则 7-6　把修饰语放在该放的地方

修饰语（modifiers）是指充当形容词或副词的单词、短语或分句。如果修饰语的位置不正确，可能会造成混淆或笑话。如果其位置得当，读者就不会对它们修饰的是哪个词产生疑问，你的意思也会很清楚。

在写作中，学生经常错置修饰短语和分句。例如：

错置：Theo tried to change the tire while the rain was pouring down in a fit of rage.（西奥试图趁着大雨一怒而下时换轮胎。）

改进：In a fit of rage, Theo tried to change the tire while the rain was pouring down.（一气之下，西奥试图趁着大雨换轮胎。）

这里的补救办法是将修饰短语"in a fit of rage"放在更靠近被修饰的词——"Theo"的位置。

错置：He saw that the lights were off in the cabin while standing under a tree.（他看到，木屋里的灯站在树下时已经熄灭。）

改进：While standing under a tree, he saw that the lights were off in the cabin.（站在树下时，他看到木屋里的灯已经熄灭。）

谁或什么站在树下？将"while standing under a tree"移到"he"前面后，混淆就消除了。

错置：There is a flower in her apartment that smells like onions.（她那散发着洋葱味道的公寓里有朵花。）

改进：In her apartment a flower smells like onions.（在她的公寓里，一朵花散发着洋葱的味道。）

关系从句（如"that smells like onions"）通常应紧跟在先行词之后。在这里，**flower** 是先行词，所以关系从句在它之后（不过在这种情况下，关系代词 **that** 被去掉了）。

当修饰语出现在句子中而没有修饰词时，就被称为悬垂修饰。悬垂修饰语（dangling modifiers）经常出现在学生的文章中，有时令人捧腹，又总是令人困惑或分心。它们通常以短语的形式出现在句子的开头，假装修饰紧接着的词语。

错误：Before shooting again, the squirrel fell near the hunter.（在再次开枪之前，松鼠倒在猎人附近。）

正确：Before shooting again, the hunter watched the squirrel fall nearby.（在再次开枪之前，猎人看着松鼠倒在附近。）

错误：After loosening his tie and kicking off his shoes, the feather bed was the only thing Harry had on his mind.（松开领带，踢掉鞋子后，羽绒床占据了哈利的心。）

正确：After loosening his tie and kicking off his shoes, Harry could think only of the feather bed.（松开领带，踢掉鞋子后，哈利心里全是羽绒床。）

错误：To keep the students happy, the windows were

opened.(为了让学生开心,窗户打开了。)

正确:To keep the students happy, we opened the windows.(为了让学生开心,我们打开了窗户。)

有些词通过限制或限定其他词的含义来修饰它们:例如,**only**(仅)、**even**(甚至)、**nearly**(几乎)和 **almost**(几乎)。遗憾的是,这些副词如果没有直接插入它们所修饰的词之前,就成了错位的修饰词。

错误:I only learned of her illness yesterday.(我昨天只得知她的病情。)

正确:I learned of her illness only yesterday.(我昨天才得知她的病情。)

错误:The government has determined that the rations should be only distributed to the neediest people.

正确:The government has determined that the rations should be distributed only to the neediest people.(政府已决定只向最需要的人发放口粮。)

错误:I nearly spent all the money.

正确:I spent nearly all the money.(我几乎花光了所有的钱。)

规则 7-7　时态、语态、数量和人称要一致

如果开始写作时使用一种语法结构，然后不必要地转换为另一种，可能会让读者感到困惑（或厌烦）。在句子和段落中，除非有好的理由来转换，否则应始终保持一种时态、语态、数量和人称。

转换的：I walked past the front desk and into the stacks of the library. When I got to the philosophy section, I see a whole shelf of books about Kant. I stopped in my tracks.

这段动作描写以过去时开始，然后在第二句中突然转为现在时，在第三句中又回到过去时。让时态在整个句子中保持一致，就能纠正这个问题。

一致的：I walked past the front desk and into the stacks of the library. When I got to the philosophy section, I saw a whole shelf of books about Kant. I stopped in my tracks.（我走过前台，走进了图书馆的书架之间。当我走到哲学部分时，我看到了整整一书架关于康德的书。我停下了脚步。）

在哲学写作中，人们习惯用现在时来讨论或总结哲学家的作品。然而，哲学家的生平事迹通常用过去时来描述。

正确：In ordinary circumstances, however, the self seems to be unified, and any process theory must account for this apparent unity of the self. Immanuel Kant (1724-1804) accounts for it by postulating a "transcendental ego" that lies behind our experience and structures it according to certain rules. Kant's self is transcendental because it cannot be directly observed.[①]（然而，在一般情况下，自我似乎是统一的，任何过程理论都必须解释这种明显的自我统一性。伊曼努尔·康德［1724—1804］通过假定一个"超验的自我"来解释这种统一性，这个自我隐藏在我们的经验背后，并按照一定的规则来构造我们的经验。康德的自我是超验的，因为它无法被直接观察到。）

还应避免不必要的语态转换——从主动语态转换为被动语态，或从被动语态转换为主动语态。在主动语态中，主语实施动作（**Maria spent the money.**［玛丽亚花钱。］）；在被动语态中，主语承受动作（**The money was spent by Maria.**［钱是玛丽亚花的。］）。突然从一种语态变为另一种会让读者感到困惑或分心。（见规则 8-2 中关于主动语态和被动语态的讨论）。

转换的：I wrote the first half of my philosophy paper

---

① Theodore Schick, Jr., and Lewis Vaughn, *Doing Philosophy: An Introduction Through Thought Experiments* (New York: McGraw-Hill, 2003), 277.

before I realized that the main argument was constructed poorly.

一致的：I wrote the first half of my philosophy paper before realizing that I had constructed the main argument poorly.（我在写完哲学论文的前半部分后，才意识到自己的主要论证构建得很糟糕。）

细心的作者会确保代词和名词在句子或段落中的人称一致（**I**、**you**、**he/she**、**we**、**you**、**they**）。

转换的：Students must keep up with homework or you will fall behind in both your homework and tests.（学生必须坚持完成作业，否则你的作业和考试成绩都会落后。）

本句以第三人称（**students**）开头，但在第二分句中转为第二人称（**you**、**your**）。解决办法是在整个句子中始终使用第三人称或第二人称。

一致的：Students must keep up with homework, or they will fall behind in both homework and tests.（学生必须坚持完成作业，否则他们的作业和考试成绩都会落后。）

一致的：You must keep up with homework, or you will fall behind in both homework and tests.（你必须坚持完成作

业，否则你的作业和考试成绩都会落后。）

现在请看以下从第一人称到第二人称的转变。

转换的：I was frightened as I walked past the graveyard because shadows can play tricks on your mind.（当我走过墓地时，我很害怕，因为阴影会在你的脑海中作祟。）

一致的：I was frightened as I walked past the graveyard because I knew that shadows can play tricks on my mind.（当我走过墓地时，我很害怕，因为我知道阴影会在我的脑海中作祟。）

规则 7-8　明确表达代词所指

代词应该指代特定的词——名词，即代词的先行词。这些指代必须清楚明了，否则读者在试图从代词寻找相应名词时就会走偏。因此，代词指代的第一条规则是这样的：代词应该指代特定的词语，而不是指代一个模糊或笼统的概念，也不是指代一个只是暗示而未明说的词语。

一个常见的问题是，使用 **this**、**that**、**which** 和 **It** 指代的不是一个特定的先行词，而是更无定形的东西——整个句子或一些模糊的、未言明的概念。

含糊指代：Jill never entirely accepted the testimony of

her own sister regarding the burglary. This is demonstrated in the way Jill refers to her sister's behavior.

This 指的是什么？以下的所指则很明确：

明确指代：Jill never entirely accepted the testimony of her own sister regarding the burglary. This lack of acceptance is shown in the way Jill refers to her sister's behavior.（吉尔从未完全接受自己妹妹有关盗窃的证词。吉尔在提到妹妹的行为时就表现出了这种不接受的态度。）

含糊指代：Descartes did not give in to overwhelming, all-encompassing doubt, which is why he was able to say, "I think therefore I am."

which 没有具体所指，只是模糊地指向第一分句中的所有内容。

明确指代：Descartes did not give in to overwhelming, all-encompassing doubt. This refusal to doubt literally everything enabled him to say at least, "I think therefore I am."（笛卡尔没有屈服于铺天盖地、无所不包的怀疑。这种拒绝怀疑一切的态度使他至少能够说："我思故我在。"）

含糊指代：In Frankena's *Ethics* it shows that moral theories have many subtypes.

明确指代：In *Ethics* Frankena shows that moral theories have many subtypes.（弗兰克纳在《伦理学》中指出，道德理论有许多子类型。）

使用 **they** 的含糊指代特别普遍，但很容易纠正。

含糊指代：They are trying to outlaw smoking in all bars, taverns, and clubs.（他们正尝试立法，宣布所有酒吧、酒馆和俱乐部内的吸烟行为为违法。）

明确指代：The state legislators are trying to outlaw smoking in all bars, taverns, and clubs.（州议员们正尝试立法，宣布所有酒吧、酒馆和俱乐部内的吸烟行为为违法。）

有时，代词的指代不明确是因为存在歧义——代词可能指代两个先行词中的任何一个。

歧义指代：Sharon was listening to the radio in her car when it suddenly stopped functioning.（莎伦在车里听收音机时，它突然停止了运转。）

明确指代：Sharon was listening to the radio in her car when the engine suddenly stopped running.（莎伦在车里听

收音机时，发动机突然停止了运转。）

歧义指代：Amelia just happened to mention to Eve that she was the wrong person for the job.（阿梅莉亚碰巧向夏娃提到，她并不适合这份工作。）

明确指代：Amelia confided in Eve that she was not the right person for the job.（阿梅莉亚向夏娃倾诉道，自己并不适合这份工作。）

明确指代：Amelia mentioned to Eve, "I am the wrong person for the job."（阿梅莉亚对夏娃说："我并不适合这份工作。"）

代词的先行词必须实际包含在句子中，而不是仅仅由句子内容暗示。

隐含指代：Thomas Aquinas's first-cause argument has some defects that he never recognized.

明确指代：Thomas Aquinas never recognized the defects in his first-cause argument.（托马斯·阿奎那从未认识到他的第一因论证的缺陷。）

隐含指代：After the airline disaster, I decided not to fly in one again.

明确指代：After the airline disaster, I decided not to fly in a commercial jet again.（空难发生后，我决定不再乘坐商用飞机。）

练习：写出有效的句子

在尽可能保留原意的前提下，改写下列句子，纠正主语与动词一致、并列、句子结构、啰唆、修饰语错位、语法连贯和代词指代等方面的问题。句子可能存在不止一种问题。答案见附录 C。

1. Students must deal with inattentive administrators, deficient security, and being treated unjustly.

2. The president seems oblivious to our problems why is he so blind?

3. The creation of incredible technologies and innumerable smart systems in every area of our lives are dramatically changing our civilization.

4. I knew you were there I saw your car parked in the usual place.

5. Due to the fact that Juan's behavior had an effect on so many others, we are at this point in time giving consideration as to whether we should ban him from the club until such time as he agrees to alter his attitudes and his views toward all club members.

6. While driving in a terrible snowstorm, the deer struck the driver's truck. Although the truck was not damaged.

7. I was very comfortable sitting by the fireplace because you can just feel the warmth soaking into you.

8. David Hume's skepticism was far-reaching and deeply troubling, which is why he liked to spend time in the company of his friends.

9. After listening to the concert and feeling immensely satisfied with the performance, my friends from school could not appreciate classical music the way I do.

10. After walking ten miles in the pouring rain, the warm café felt like heaven to Emily.

11. I wrote the novel in a single, delirious week. When I finished it, I see that I forgot to give the book a title. Then I saw that the first scene was built in the most amateurish way possible.

12. Tatiana is one of the those dancers who takes great pride in every performance.

13. Maria can choose to rewrite the first paper, to write a different paper, or trying to resurrect an old paper from last year.

14. I knew that his argument was faulty, I could see that immediately.

15. In the event that I'm late, you may proceed in a prompt manner without my presence.

16. They are trying to build a faster, more intuitive computer by experimenting with quantum computing.

17. There's a million people living in the eastern part of the country.

18. Edward looked at each candidate in the room. Each of his glances seeming to have a different meaning.

19. Anne was typing away on her laptop while listening to a new CD when it suddenly stopped working.

20. I'm not going to class today. The reason why is that I have a cold in spite of the fact that I've been taking good care of myself this semester.

第八章 选择正确的词语

规则 8-1　精确选择名词和动词

有时，写作者试图用形容词或副词修饰每一个名词和动词，从而导致用词不准确、冗长。然而，精心选择的名词和动词往往不需要修饰。你不必写"walked slowly and clumsily"（走得又慢又笨拙），"lumbered"（蹒跚）就可以了；你不必写"speak very softly"（说得很轻），"whispered"（低声）就可以了；你不必用"wrote hastily"（写得很匆忙），"jotted"（草草写下）就可以了。同样，如果写"mansion"（豪宅）就足够了，那么写成"large house"（大房子）也没什么好处；如果你想说的是"arm"（手臂），那么写成"upper limb"（上肢）也没什么好处。

规则 8-2　优先使用主动语态

在主动语态中，主语实施动作（**Kim drove the car.**［金开车。］）；在被动语态中，主语承受动作（**The car was driven by Kim.**［车是金开的。］）。这两种句法结构都有其用途。当你想把注意力集中在动作的承受者身上，或者动作的实施者不能或不应该确定时（例如：**The jewels were stolen last night.**［珠宝昨晚被偷了。］），使用被动语态是合适的。但一般来说，除此以外，应该首选主动语态。与被动语态相比，主动语态往往更简洁、更直接、更有力。

被动语态：Far to the west the mountainside was crashed into by the meteor.（在西边很远的地方，山坡被流星撞上了。）

主动语态：Far to the west the meteor crashed into the mountainside.（在西边很远的地方，流星撞上了山坡。）

被动语态：That all our knowledge is derived from experience was maintained by the empiricists——who are best represented by the British philosophers Locke, Berkeley, and Hume.（我们所有的知识都来自经验，这是为以英国哲学家洛克、贝克莱和休谟等为最佳代表的经验主义者所主张的。）

主动语态：The empiricists——who are best represented by the British philosophers Locke, Berkeley, and Hume——maintained that all our knowledge is derived from experience.（英国哲学家洛克、贝克莱和休谟是经验主义者的最佳代表，他们主张我们所有的知识都来自经验。）

规则 8-3　使用具体词语

概括词是指一整类的事物：**父母、植物、颜色、雄性、快速**。具体词则是指这些类别中更具体或更明确的例子：**弗兰的母亲、你草坪上的草、那种红色、约翰·史密斯、时速九十英里**。在某些情况下，最好用概括词；而在其他情况下，则最好用更具体的词。优秀的写作者会在既定语境允许的范围内尽量做到具体。他们知道，具体的词语往往能比概括性词语更生动地传达信息，也能传达更多信息。

概括：由于天气恶劣，她回到了住处。

具体：因为暴风雪袭击了城市，安妮打车回到了她的高层公寓。

概括：这一道德理论禁止可能造成伤害的行为。

具体：这种道德理论是一种结果主义（consequentialist）观点，它禁止可能给他人造成身体痛苦或使他人更有可能遭受身体痛苦的行为。

规则 8-4　避免冗余

冗余（redundancy）是指毫无意义地重复表达同一个意思，既增加赘言，也使语义不清。冗余经常出现在常用短语中，反映出写作者的粗心大意和对词义的无知。要用简洁的词语代替冗余的词语。

冗余	不冗余
true facts（真的事实）	facts（事实）
refer back（向回指向）	refer（指向）
future forecast（对未来的预报）	forecast（预报）
mix together（混合在一起）	mix（混合）
few in number（数量上很少）	few（很少）
absolute necessity（绝对的必然性）	necessity（必然性）
free gift（免费的礼物）	gift（礼物）
collaborate together（一起配合）	collaborate（配合）
merge together（融合在一起）	merge（融合）
advance planning（事先计划）	planning（计划）
connect together（联结在一起）	connect（联结）

规则 8-5　注意词语的内涵

措辞恰当的关键在于理解词语的内涵（connotations）。"内涵"是与一个词或短语相关联的情感或态度，即超出该词或短语字面意义的关联。请看这几对词语：

retreat（退缩）	strategic withdrawal（战略撤退）
intellectual（知识分子）	egghead（书呆子）
sweat（出汗）	perspire（流汗［比喻辛劳苦干］）
drunk（醉酒的）	inebriated（陶醉的）
boyish prank（孩子气的恶作剧）	vandalism（故意毁坏他人财产的行为）
psychiatrist（精神病学家）	shrink（精神病学家［非正式］）

downsized（裁员的［公司］）　　fired（被解雇的［员工］）
revenue enhancements（岁入增收）　tax increases（增税）
guerrillas（游击队员）[①]　　　freedom fighters（自由斗士）

每对词语指的都是相同的事物或状态，但所传达的形象或情感却大相径庭。

要想写得好，就必须同时了解词语的字面意思及其内涵。你还必须明白，人们经常使用内涵对论证或观点进行正面或负面的呈现，而这种论证或观点可能具有误导性或党派性。例如，在有关堕胎的辩论中，反堕胎的人可能会称自己的立场为"支持生命"（pro-life）或"支持孩子"（pro-child），而反对这种观点的人可能会称之为"反选择"（anti-choice）甚至"反女性"（anti-woman）。在有关持枪权的争议中，那些希望限制持枪权的人可能会将自己的立场称为"反攻击性武器"（anti-assault weapon），而反对这一立场的人可能会称此立场为"反自卫"（anti-self defense）。这些标签意在引起人们对这些主题的特定态度，而这些态度可能得不到任何论证或证据的辩护。

用来表达积极或中性的态度、情感，以代替那些更为消极的表达的词语被称为委婉语（euphemisms，例如，用 **neutralize** 表示 **kill**［杀人］）。用来表达消极的态度或情感，以代替中性或积极表达的词语被称为粗直语（dysphemisms，

[①] guerrilla 略带负面色彩。《牛津高阶词典》对 guerrilla 的定义为 "a member of a small group of soldiers who are not part of an official army and who fight against official soldiers, usually to try to change the government"，表明 guerrilla 一词带有"对抗正规军、颠覆政权"的内涵。——译者注

如用 dive 表示 tavern［酒馆］）。委婉语和粗直语都可以用来误导人。有判断力的读者应该警惕内涵的欺骗性使用，而有判断力的写作者应该主要依靠论证和证据来证明自己的观点。

但是，请记住，使用委婉语通常有个正当目的：它可以让人们讨论敏感话题，而不招致反感。你可以说某人的亲人"has passed"（走了）或"passed on"（去了），而不是"has died"（死了）；或者说一个人的狗"was put to sleep"（安眠了），而不是"killed"（被杀死了），这样就不会伤害他/她的感情。

规则 8-6　学会区分写作者经常混淆的词语

adverse: contrary to, opposed to（相反的，反对）

averse: disinclined, being ill-disposed to（没兴趣，不喜欢）

affect: *v.* to influence（动词：影响）

effect: *v.* to accomplish; *n.* result（动词：完成；名词：结果）

allusion: indirect or veiled reference（间接或隐晦的指代）

illusion: faulty perception, delusion（错误的知觉，错觉）

beside: near（靠近）

besides: apart from, also（除了，此外）

compliment: *n.* praise; *v.* to praise（名词、动词：赞美，

恭维）

complement: *n.* counterpart, supplement; *v.* to complete or supplement（名词：互为补充之物，补充物；动词：使完整或补充）

comprise: to include, to consist of (e.g., The whole *comprises* the parts.)（包括，由……组成［例如：整体由部分**组成**。］）

compose: to make up (e.g., The parts compose the whole.)（构成［例如：部分**构成**整体。］）

continuous: occurring uninterrupted, unceasing（不间断地发生的，持续不断的）

continual: frequently recurring, occurring intermittently（频繁出现的，时断时续的）

disinterested: impartial（不偏不倚的）

uninterested: not interested（不感兴趣的）

enormity: extreme evil or wickedness（极端的邪恶）

enormousness: bigness（巨大）

ensure: make sure, guarantee（确保，保证）

insure: buy or give financial insurance（购买或提供金融保险）

farther: at a greater *physical* distance（［物理意义上］更远的/地）

further: at a greater figurative distance (e.g., We discussed the issue further.)（［比喻意义上］更远的/地，

进一步［例如：我们**进一步**讨论了这个问题。］）

flout: to express contempt for（蔑视）

flaunt: to show of（炫耀）

fortuitous: *adj.* happening by chance（形容词：偶然的）

fortunate: *adj.* lucky（形容词：幸运的）

imminent: *adj.* happening soon, impending（形容词：迫在眉睫的，即将发生的）

eminent: *adj.* notable, distinguished（形容词：重要的，杰出的）

infer: to deduce（推理）

imply: to suggest（暗示）

lay: *v.* to place (e.g., Lay the book down.)（动词：放置［例如：把书**放下**。］）

lie: *v.* to recline; past tense is *lay* (e.g., I will *lie* on the couch, and I *lay* on the couch yesterday.)（动词：躺；过去式是 lay［例如：我会**躺**在沙发上；我昨天**躺**在沙发上。］）

like: *prep.* similar to [a noun or noun phrase] (e.g., She looks like Karen.)（介词：与……相似，搭配名词或名词短语［例如：她**像**卡伦。］）

as: *conj.* similar to [verbs or clauses] (e.g., She looks as if she ran a mile.)（连词：与……相似，搭配动词或分句［例如：她看起来**像**跑了一英里。］）

literally: actually, in the literal sense of the word,

without figurative language（实际上，字面意义上，不用比喻）

figuratively: metaphorically, in the figurative sense（比喻意义上）

oral: spoken（口头的）

verbal: having to do with words（与言语有关的）

principal: *adj.* chief, main; *n.* head of a school（形容词：首要的，主要的；名词：校长）

principle: *n.* basic truth, law, doctrine（名词：基本的真理、法则、学说）

your: *poss. pron.* (e.g., This is your phone.)（物主代词[例如：这是你的手机。]）

you're: contraction for "you are" (e.g., You're ready to go.)（"you are"的缩略语[例如：你准备好走了。]）

规则 8-7　力求新颖，避免陈词滥调

陈词滥调（cliché）指被过度使用的陈旧表达，在所有写作中都应尽量避免使用。陈词滥调曾经是新鲜有趣的表达思想的方式，然而，对它们的滥用耗尽了它们的生命力。**blind as a bat**（有眼无珠）、**busy as a bee**（忙得团团转）、**playing with fire**（玩火自焚）、**light as a feather**（轻如鸿毛）、**saved by the bell**（万幸）、**water over the dam**（覆水难收）等诸多陈词滥调经常出现在学生的作文中。它们向读者表明，写作者在

作文中没有投入太多的原创性思考。更糟糕的是，它们妨碍写作者独立思考，使其无法获得新颖的视角。

诚然，陈词滥调有时可以帮助你准确地表达某些内容。但是，你应该尽量避免使用这些陈词滥调，并养成追求独创性的习惯。

以下是一些你可能容易使用的陈词滥调：

birds of a feather 臭味相投

thick as thieves 亲密无间

bolt from the blue 晴天霹雳

diamond in the rough 未经雕琢的璞玉，潜力股

lock, stock, and barrel 完全地

burning the midnight oil 挑灯夜读

nutty as a fruitcake 古怪至极的

avoid like the plague 避之唯恐不及

cool as a cucumber 镇定自若的

fly in the ointment 美中不足

red as a beet 满脸通红的

raining cats and dogs 倾盆大雨

beat around the bush 拐弯抹角，旁敲侧击

water under the bridge 已成往事

mountains out of molehills 小题大做

bull in a china shop 毛手毛脚

nip it in the bud 防患于未然

comparing apples and oranges 大相径庭，风马牛不相及

pull no punches 直言不讳，毫无保留

hook, line, and sinker（强调被欺骗、愚弄）完完全全

规则 8-8　不要混用比喻

比喻在写作中非常有效。然而，有效地使用比喻并不容易，除非你对结果胸有成竹，否则不应轻易尝试。大多数情况下，不使用比喻要好过编造拙劣或混乱的比喻。

学生论文中常见的问题是混用比喻——将不太协调的意象混合在一起。每个意象单独看可能各自都表达了一个连贯的想法，但这些意象组合在一起就会形成一幅可笑甚至不可能的画面。

> 混用比喻：在本届政府中，"国家之舟"（ship of state）已经向平权法案"举白旗"（to throw in the towel），而"按另一种鼓点（beat of a different drummer）前进"。

"国家之舟""举白旗""按另一种鼓点前进"，这些不协调的意象彼此冲突，令人分心、困惑，又感到可笑。即使这句话有某种严肃的意义，这种混杂的比喻也已经将其扼杀。（而这句话不但意象混杂，还是陈词滥调。）

另举一例——

133

混用比喻："教老狗学新把戏"（to teach an old dog new tricks）是毫无意义的，所以我们决定把所有的精力都投入"低速挡"（low gear）。

训狗的意象与车辆换挡的意象结合在一起，这幅画面既奇怪又缺乏启发性。

避免混用比喻（以及其他大多数比喻性语言的错误）的最佳方法是尝试将你所创造的意象可视化。如果你能在想象中看见一幅连贯、贴切的画面，那么你的比喻可能是可以接受的。如果你的画面有缺陷，就需要修改或删除。

规则 8-9　提防拙劣的重复

对词语的精心重复，可以强调话语，可以使前后一致，也可以动情。然而，拙劣的重复会非常刺耳，也表明作者缺乏经验。

精心的重复：在庞大的战争、巨大的景观和高大的天空面前，她显得如此渺小，一双小手紧紧抱着她的小孩子，住在一个小村庄的小窝棚里，小窝棚里面放着一个小袋子，小袋子里面装着她的一切。

拙劣的重复：我们学习是为了我们更了解斯宾诺莎，理解他的主要思想。

拙劣的重复：写絮叨话的倾向是一种只有通过练习

才能纠正的倾向。

拙劣的重复：一旦你对规划进行了分析，你就可以根据文件检查分析结果。

拙劣的重复：他看到池塘里有两只鸭子，码头上有三只鸭子，还有五只鸭子不见了。

规则 8-10 拼写正确

数字拼写检查器用起来很方便，但如果你把一个单词错拼为另一个单词——比如 **advice** 和 **advise**，**for** 和 **fore**，**tenets** 和 **tenants**，拼写检查器就无能为力了。最好熟悉常被错误拼写的单词，这样就能抓住拼写检查器的漏网之鱼了。下面是一份错误拼写清单。

正确拼写	错误拼写	正确拼写	错误拼写
absence	absense	independent	independant
accidentally	accidentaly	knowledge	knowlege
accommodate	accomodate	maintenance	maintainance
achieve	acheive	millennium	millenium
all right	alright（非标准拼写）	misspell	mispell
a lot	alot（非标准拼写）	necessary	neccessary
apparently	apparantly	noticeable	noticable
argument	arguement	occasion	ocasion
beginning	begining	occurred	occured
believe	beleive	occurrence	occurrance
bizarre	bizzare	perceive	percieve
calendar	calender	permissible	permissable

续表

正确拼写	错误拼写	正确拼写	错误拼写
cemetery	cemetary	perseverance	perseverence
changeable	changable	persistent	persistant
committed	commited	piece	peice
committee	commitee	possession	posession
deceive	decieve	preferred	prefered
deism	diesm	privilege	privelege
dependent	dependant	professor	professer
definitely	definately	receive	recieve
dilemma	dilemna	recommend	recomend
disappear	dissapear	referred	refered
embarrass	embarass	religious	religous
empirical	empiracal	resistance	resistence
exaggerated	exagerated	separate	seperate
existence	existance	siege	seige
foreign	foriegn	subtly	subtely
foreseeable	forseeable	successful	succesful
forty	fourty	tendency	tendancy
gist	jist	tomorrow	tommorow
government	goverment	truly	truely
harass	harrass	unforeseen	unforseen
heroes	heros	unfortunately	unfortunatly
incidentally	incidently	weird	wierd
indefinitely	indefinately	wherever	whereever

规则 8-11　区分常见易混淆词

写作者经常混淆一些拼写相似但含义不同的单词，以至于在这类书籍的最后，我们需要强调这些易混淆词。下面是几个比较常见的错误。

affect: *verb* To influence or change. 动词：影响或改变

effect: *noun* Result. 名词：结果

allusion: *noun* A statement that refers to something without mentioning it directly. 名词：没有直接提到某物的陈述，暗示

illusion: *noun* Something that looks or seems different from what it really is. 名词：看起来与实际情况不同的东西，假象

altogether: *adverb* Wholly, completely. 副词：全部，完全

all together: *adverbial phrase* Refers to people or things gathered in one place or all acting together. 副词短语：指人或物聚集在一处或一起行动

collaborate: *verb* To work with another person to achieve or do something. 动词：与他人合作完成或做某事，协作

corroborate: *verb* To add support or evidence to a statement or idea. 动词：为陈述或观点增加支持或证据，确证

complement: *noun* Something that completes something else. 名词：补充其他事物的东西

compliment: *noun* A favorable comment about someone or something. 名词：对某人或某事的赞美

disinterested: *adjective* Impartial. 形容词：不偏不倚的

uninterested: *adjective* Bored, not interested. 形容词：感到无聊，不感兴趣的

eminent: *adjective* Successful, respected. 形容词：成功的，受尊重的

imminent: *adjective* Happening very soon. 形容词：即将发生的

emigrate: *verb* To leave a country to live somewhere else. 动词：离开一个国家到别的地方生活

immigrate: *verb* To move into a country from somewhere else. 动词：从其他地方迁入一个国家

everyday: *adjective* Ordinary, commonplace. 形容词：普通的，平常的

every day: *adverbial phrase* Each day, daily. 副词短语：每一天

gray: *adjective* The standard American English spelling.
形容词：灰色（标准的美式英语拼写）

grey: *adjective* The standard British English spelling.
形容词：灰色（标准的英式英语拼写）

incredible: *adjective* Difficult or impossible to believe.
形容词：难以置信或不可能相信的

incredulous: *adjective* Not able or willing to believe something. 形容词：不能够或不愿意相信某事

imply: *verb* To hint at. 动词：暗示

infer: *verb* To deduce from facts. 动词：根据事实推断

it's: A *contraction* meaning "it is." "it is"的缩写形式，意为"它是"

its: *possessive pronoun* meaning "belonging to it." "it"的物主代词，意为"属于它的"

moral: As an *adjective*, describes things relating to morality (as in "moral actions" or "moral principles"); as a *noun*, refers to a lesson that can be derived from a story or set of facts. 作为形容词，形容与道德有关的事物（如"道德行为"或"道德原则"）；或作为名词，指从一个故事或一些事实中得出的教训

morale: *noun* Feelings of enthusiasm or loyalty that someone has about a task or job. 名词：某人对某项任务或工作的热情或忠诚的感受，士气

someday: *adverb* At some indefinite future time. 副词：在未来某个不确定的时间

some day: *adverbial phrase* A single unknown or unspecified day in the future 副词短语：未来某个未知或不确定的日子

your: *possessive pronoun* meaning "belonging to you." "you"的物主代词，意为"属于你的"

you're: *verb phrase* meaning "you are." 动词短语，意为"你是"

练习：选择正确的词语

运用本章的规则改进下面的句子。句子可能存在不止一种问题。答案见附录C。

1. The future forecast for the economy will greatly effect our estimates of future employment.

2. I must complement you on your advance planning for the awards ceremony.

3. He was as cool as a cucumber as he worked like a dog to nip the growing problem in the bud.

4. Arguments for the existence of God were offered by famous theologians.

5. He moved to the door as he communicated his desire to leave.

6. She fretted because the review of her work was eminent, and the enormity of the project worried her more than ever.

7. The safe was broken into by three notorious burglars.

8. After the accident, he made his way on all fours to the edge of the road and signaled to a motorist to stop.

9. In her testimony, the testimony of the other witness was referred back to.

10. After the lightning strike, he was literally on pins and needles.

11. The allegations were made by several distinguished women who pulled no punches.

12. He was at the conference to flout his newly acquired wealth and his imminence in the field.

13. Karen recollects the story, which is a recollection of her harrowing days in a war zone.

14. The true facts of the case are that Edgar walked slowly and casually into the room without saying a word.

15. As a judge, she had to be uninterested while assessing the worth of cases brought before her.

16. Alice said Tomas was without guile, and by that she inferred

that he was trustworthy.

17. In his religion he was not only expected to toe the line but also to bear the good fruit of good works.

18. As soon as you fill in the spreadsheet, you can check the spreadsheet for mistakes.

19. That there are two warring deities in the universe is believed by the Zoroastrians.

20. The two rivals wanted never to meet, but they had a fortunate encounter anyway.

致谢

在编写本书的过程中，我有幸得到了许多人专业的建议和有益的批评。其中最重要的是我的编辑Jeff Marshall、副编辑Rachel Boland和Teddy Reiner。其他人还包括William Brunson (University of Nevada, Las Vegas), Damian Caluori (Trinity University), Rachel Cohon (University at Albany), Andrew Kania (Trinity University), Derek Leben (University of Pittsburgh, Johnstown), Colin McLear (University of Nebraska, Lincoln), Jennifer McWeeny (Worcester Polytechnic Institute), Matthew Pamental (University of Tennessee, Knoxville), 以及 Naomi Zack (University of Oregon)。

附录 A

论文格式编排

这里讨论的论文格式编排惯例适用于人文学科,并且与《芝加哥手册》(第 17 版)中的一般指导原则一致。当然,你的老师的格式编排偏好比本附录中的任何内容都重要。

通用规格

- 使用优质纸张(既不是洋葱皮厚度的纸,也不是卡纸),尺寸为 8.5 英寸 x 11 英寸,白色。
- 使用 12 号标准字体,比如 Times New Roman,这是一种常用的文字处理字体。打印质量应不低于 300DPI(dots per inch,每英寸点数)。
- 确保页面的顶部、底部和两侧至少有一英寸的边距。文本采用双倍行距。

- 为所有页面连续编号，从1开始，并将数字插入每页的右上角。第一页是标题页，不要给标题页标明码。第一个可见的页码应该从下一页（第2页）开始。
- 在标题页，将论文完整标题、你的名字、课程名称、老师的名字和日期居中排列。

Utilitarianism and Our Considered Moral Judgments

Alice Swanson

Philosophy 233: Introduction to Ethics
Professor Smith
15 October 2017

2

An abstract would go here. It should be obvious to the reader that it is an abstract, and when the body of the paper starts. Your thesis should be clear. It is not unusual to use parts of the abstract, or even the whole thing, in the introductory paragraph of the body. You should act as though the reader has not read the abstract.

Many people believe that God is a lawgiver who alone defines what actions are right and wrong. God, in other words, is the author of morality; an action is right if and only if God commands it to be done. According to this view, there is no right or wrong until God says so, and nothing is moral or immoral independently of God's willing it to be thus. God, and only God, *makes* rightness and wrongness. This view is known as the divine command theory of morality.

A simple version of the theory is widely accepted today, among both the religious and non-religious. In this version, God is thought to be the source of all moral principles and values. He can be the source of all morality because he is omnipotent, being able to do anything whatsoever, including create the very foundations of right and wrong.

In the *Euthyphro*, Socrates brings out what is probably the oldest and strongest criticism of the theory. He asks, in effect, is an action right because God commands it to be done, or does God command it to be done because it is right? This question lays bare the dilemma that is inherent in the theory: If an action is right because God commands it, then there is nothing in the action itself that makes it right, and God's command is arbitrary. If God commands the action because it is right (that is,

引文和注明出处

- 块引用（block quotes）的引文通常前后各空一行，引文左边缘缩进 4~5 个空格，以此将引文与正文分开。
- 尾注另起一页，页码与论文其他部分连续。将标题"注释"（Notes）居中放在页面顶部，并缩进每条尾注。
- 尾注设置为单倍行距，每条尾注之间空一行。
- 引用作品列表另起一页，页码与论文其他部分连续。将标题"引用作品"（Works Cited）放在页面顶部，并缩进每条引用作品条目。
- 引用作品列表中的注释设置为双倍行距。
- 按照注释页的行与段间距样式，编排参考书目的行与段间距。参考书目另起一页，页码与论文其他部分连续。参考书目的缩进方式与引用作品列表页相同（规则 6-4）。

If a prediction turns out to be false, we can always save the hypothesis by modifying the background theory. As Philip Kitcher notes:

> Individual scientific claims do not, and cannot, confront the evidence one by one. Rather . . . "hypotheses are tested in bundles." . . . We can only test relatively large bundles of claims. What this means is that when our experiments go awry we are not logically compelled to select any particular claim as the culprit. We can always save a cherished hypothesis from refutation by rejecting (however implausibly) one of the other members of the bundle. Of course, this is exactly what I did in the illustration of Newton and the apple above. Faced with disappointing results, I suggested that we could abandon the (tacit) additional claim that no large forces besides gravity were operating on the apple. . . . Creationists can appeal to naive falsification to show that evolution is not a science. But, given the traditional picture of theory and evidence I have sketched, one can appeal to naive falsification to show that *any* science is not a science.[4]

To see this point, let's examine Christopher Columbus's claim that the Earth is round. Both Christopher Columbus and Nicholas Copernicus rejected the flat Earth hypothesis on the grounds that its predictions were contrary to experience.

Notes

1. Alasdair MacIntyre, *A Short History of Ethics*, 2nd ed. (New York: Macmillan, 1998), 178–79.

2. Brooke Noel Moore and Kenneth Bruder, *Philosophy: The Power of Ideas*, 6th ed. (New York: McGraw Hill, 2005), 285.

3. Joel Feinberg, ed., *Reason and Responsibility* (Belmont, CA: Wadsworth, 1981), 430.

4. MacIntyre, 190.

5. Moore and Bruder, 411.

6. John Scott, review of Limits of Imagination, by Samantha Speers, *American Journal of Imaginative Studies* 10 (1990): 321–34.

7. Peter Suber, *Guide to Philosophy on the Internet*, February 16, 2003, http://www.earlham.edu/~peters/philinks.htm (accessed September 7, 2009).

8. Saul Traiger, "Hume on Finding an Impression of the Self," *Hume Studies* 11, no. 1 (April 1985), http://www.humesociety.org/hs/issues/v11n1/traiger/traiger-v11n1.pdf (accessed September 10, 2009).

9. James Rachels, "The Challenge of Cultural Relativism," in *Ethics: History, Theory, and Contemporary Issues*, 4th ed., ed. Steven M. Cahn and Peter Markie (New York: Oxford University Press, 2009), 633–39.

10. MacIntyre, 234.

11. Traiger.

12. John R. Searle, "Minds, Brains, and Programs," *Behavioral and Brain Sciences* 3 (1980): 417–24.

Works Cited

Fisher, Johnna, ed. *Biomedical Ethics: A Canadian Focus*. Don Mills, ON: Oxford University Press, 2009.

Johnson, Larry. *The Ancient Greeks*. 7th ed. New York: Putnam-Bantam, 2003.

---. *The Hellenic Age*. 5th ed. New York: Oxford-Putnam, 2005.

MacIntyre, Alasdair. *After Virtue*. Indianapolis: Notre Dame, 1984. http://www.luc.edu.depts/philosophy/tec/eac6/macintyre-tradition.pdf (accessed October 1, 2009).

Rachels, James. "The Challenge of Cultural Relativism." In *Ethics: History, Theory, and Contemporary Issues*, 4th ed., edited by Steven M. Cahn and Peter Markie. New York: Oxford University Press, 2009.

Simpson, Carol. *Time's Arrow: The Ancient Conceptions of Time, Motion, and Symmetry*. Mountain View: Upton, 1980.

Smith, Nancy H., et al. *Philosophy, Mathematics, and Mysticism in Ancient Times*. 5th ed. Mountain View: Greenland, 1967.

Suber, Peter. *Guide to Philosophy on the Internet*. February 16, 2003. http://www.earlham.edu/~peters/philinks.htm (accessed September 7, 2009).

Traiger, Saul. "Hume on Finding an Impression of the Self." *Hume Studies* 11, no. 1 (April 1985), http://www.humesociety.org/hs/issues/v11n1/traiger/traiger-v11n1.pdf (accessed September 10, 2009).

附录 B

列出资料来源

CMS 文献—注释系统

在这种方法中，注释编号以上标形式插入正文，连续编号，位于任何标点符号（但不包括破折号）之后，并位于相关正文段落的末尾。[1]（参见本书被引用段落中的注释编号。）当然，每个注释编号都对应一条参考文献注释。参考文献注释可采用脚注或尾注的形式：脚注位于相应注释编号出现的页面底部，按数字顺序排列；尾注则位于论文末尾的"注释"标题下，按数字顺序排列。（参见第四章章末的尾注示例页。）

参考文献注释必须包含所有相关的出版物信息，以便读者可

---

[1] 许多网络资源可以帮助你进一步了解如何使用 CMS 文献—注释系统和 MLA 作者—页码系统，其中包括 Purdue Online Writing Lab（https://owl.purdue.edu/owl/research_and_citation/chicago_manual_17th_edition/chicago_style_introduction.html）和北卡罗来纳大学图书馆（https://guides.lib.unc.edu/citingandwriting）。

以轻松地找到资料来源进行审阅或研究。为确保读者能获得有用的信息，注释必须始终遵循规定的格式，具体格式因引用的资源而异。某一资源在注释中被首次引用时，注释必须包括完整的引用信息，即按正确顺序排列的所有必要信息（作者姓名、出版物名称、出版城市和年份、出版商等）。同一资源的所有后续参考文献注释都应缩写，如果是书籍，可仅包含作者姓氏和页码（例如：Johnson, 99）。后来提到同一作者多部作品的注释也应缩写，但应包括作品名称的缩写版本（例如：Johnson, *Greeks and Ancient*, 153 [指一本书]；或 Johnson, "Ideas Rising", 340 [指一篇文章]）。

以下各节说明了几种不同类型的资源在首次完整引用时正确的 CMS 注释格式。请注意，简单注释的信息通常顺序如下：作者姓名、书名（或文章名加期刊名）、出版城市、出版商名称、出版年份、页码。

书　籍

要查找一本书的出版信息，先看扉页，再看版权页。关于后续引用同一本书时如何缩写，请参见注释 1。

一位、两位或三位作者

1. Alasdair MacIntyre, *A Short History of Ethics* (New York: Macmillan, 1966), 178–79.

[注：书名总是斜体或带下划线。]

后续引用同一本书

33. MacIntyre, *Short History*, 165.

后续引用同一作者的另一本书应包括缩写书名

47. MacIntyre, *After Virtue*, 104.

2. Brooke Noel Moore and Kenneth Bruder, *Philosophy: The Power of Ideas* (Mountain View, CA: Mayfield, 1990), 285.

3. Stanley M. Honer, Thomas C. Hunt, and Dennis L. Okholm, *Invitation to Philosophy* (Belmont, CA: Wadsworth, 1992), 49–52.

三位以上作者

4. Greg Bassham et al., *Critical Thinking: A Student's Introduction* (Boston: McGraw-Hill, 2002), 155.

有编辑、译者或编纂者，但无作者

5. Joel Feineberg, ed., *Reason and Responsibility* (Belmont, CA: Wadsworth, 1981), 430.

6. Gerald Forbes and Nina Johnson, trans., *Prose from the North Country* (Dayton, OH: Ingram and Consetti, 1989), 342.

7. Gregory Knopf, comp., *Complete Papers of Nonia Forge* (London: Hutton Kind, 1949), 347.

编辑、译者或编纂者与作者合作

8. Edgar Eddington, *Edge of Night*, ed. Maureen Dodd (Buffalo, NY: Tiffton, 1966), 213.

〔注：作者姓名在前；编辑、译者、编纂者姓名在书名之后。〕

没有作者

9. *Bound for Glory* (Eugene, OR: Winston-Hane, 1976), 343.

后来的版本

10. Irving M. Copi and Carl Cohen, *Introduction to Logic*, 9th ed. (New York: Macmillan, 1994), 109.

书中的某章

11. Norman Melchert, "Nature Philosophers," in *The Great Conversation* (New York: Oxford University Press, 2007), 7–15.

文集中的文章

12. Theodore Thomas, "Reason and the Abortion Debate," in *The Debates of Our Times*, ed. Dorothy Silvers (New York: Warrington, 1966), 45.

序言、前言或导言

13. John Smith, introduction to *Reason and Rhetoric*, by

Theodore Thomas (New York: Warrington, 1966), 89.

［注：引言作者在前，书籍作者在书名之后。］

多卷本丛书中的特定卷册

14. Thomas Kane, *The Issues of the 21st Century*, Vol. 5 of *The Issues of History* (New York: Warrington, 1955), 222.

［注：该引用信息指向整卷。］

15. Thomas Kane, *The Issues of History* (New York: Warrington, 1955), 4:125–40.

［注：未给出该卷名称时使用此格式。该引用信息指向第 4 卷第 125—140 页。］

整套多卷本丛书

16. Mary Ingram, ed., *International Law and Commerce*, 4 vols. (London: Greenland, 1951).

团体作者

17. National Literature Council, *Literature in the Classroom* (New York: National Literature Council, 2001).

期　刊

关于后续引用同一篇文章时如何缩写，请参见注释 18。

期刊文章

18. John R. Searle, "Minds, Brains, and Programs," *Behavioral and Brain Sciences* 3 (1980): 417–24.

［注：引用信息表示第 3 卷，出版年份为 1980 年，第 417—424 页。文章标题一律用引号括起来；期刊名用斜体或带下划线。对于页码从年初第一期到年末最后一期都连续编号的期刊（即所有书页都在同一卷中），卷号、页码和年份就足以识别，如这里的例子。对于每期页码都从第 1 页开始的期刊，必须注明卷号和期号。例如：*Behavioral and Brain Sciences* 3, no. 4 (1980): 417–24.，卷号为 3，期号为 4。］

后续引用同一文章

19. Searle, "Minds, Brains, and Programs," 420.

后续引用同一作者的另一篇文章也应包括缩写的文章标题

20. Searle, "Is the Brain's Mind a Computer?" 420.

21. Edmund L. Gettier, "Is Justified True Belief Knowledge?" *Analysis* 23 (1963): 121–23.

［注：如果文章标题以问号或感叹号结尾，则标题后无需逗号。］

杂志文章

22. Patrick Huyghe, "Moody's Crystal Ball," *Omni*, June 1989, 90.

［注：如果日期只包括年月，则年月中间不加逗号。］

23. Seymour M. Hersh, "Annals of National Security: The Iran Game," *New Yorker*, December 3, 2001, 42–50.

书　评

24. John Scott, review of *Limits of Imagination*, by Samantha Speers, *American Journal of Imaginative Studies* 10 (1990): 321–334.

［注：书评作者在前；书籍作者在书名后。］

25. Nicholas Lemann, "Pure Act," review of *Theodore Rex*, by Edmund Morris, *New Yorker*, November 19, 2001, 81–84.

报纸文章

26. David Jackson, "The Rise in Crime," *Buffalo Eagle-News*, November 3, 2003, late edition.

［注：不包括页码。］

27. Editorial, *Buffalo Eagle-News*, November 3, 2003, late edition.

28. "Edward Jones, Dead at 86," *Buffalo Eagle-News*, November 3, 2003, late edition.

［注：未提及作者。］

网络作品

CMS 提供了以下注明网络资源的示例——这些资源由网站的 URL 标识，或者由 DOI（Digital Object Identifier，数字对象标识符）标识更好，它直接指向特定的文章、书籍和其他作品。一般来说，URL 和 DOI 应加在引用信息末尾。访问日期可加可不加。

网站和博客

29. *The Chicago Manual of Style Online*; the online edition of *The Chicago Manual of Style*; "Chicago Style Q&A"; "New Questions and Answers."

［注：CMS 规定，网站的一般标题通常使用罗马字体，不加引号，像报刊文章标题一样首字母大写，但类似于书籍或其他类型出版物的标题可采用相应的样式。］

30. Mike Nizza, "Go Ahead, Annoy Away, an Australian Court Says," *The Lede* (blog), *New York Times*, July 15, 2008, http://thelede.blogs.ny-times.com/2008/07/15/.

31. Matthew Lasar, "FCC Chair Willing to Consecrate XM-Sirius Union," *Ars Technica* (blog), June 16, 2008, http://arstechnica.com/news.ars/post/20080616-fcc-chair-willing-to-consecrate-xm-sirius-union.html.

［注：根据 CMS 的规定，"在印刷作品中，如果必须在行尾断开 URL 或 DOI，则应在冒号或双斜线（//）之后断开；或在单斜线（/）、波浪号（~）、句点、逗号、连字符、下划线（_）、问号、数字符号或百分号之前断开；或在等号或 & 符号之前或之后断开"。］

书籍和参考工具书

32. Elliot Antokoletz, *Musical Symbolism in the Operas of Debussy and Bartók* (New York: Oxford University Press, 2008), doi:10.1093/ac

prof:oso/9780195365825.001.0001.

33. *Encyclopaedia Britannica Online*, s.v. "Sibelius, Jean," accessed July 19, 2008, http://original.britannica.com/eb/article-9067596.

34. *Grove Music Online*, s.v. "Toscanini, Arturo," by David Cairns, accessed July 19, 2008, http://www.oxfordmusiconline.com/.

期刊文章

35. Wilfried Karmaus and John F. Riebow, "Storage of Serum in Plastic and Glass Containers May Alter the Serum Concentration of Polychlorinated Biphenyls," *Environmental Health Perspectives* 112 (May 2004): 645, http://www.jstor.org/stable/3435987.

36. William J. Novak, "The Myth of the 'Weak' American State," *American Historical Review* 113 (June 2008): 758, doi:10.1086/ahr.113.3.752.

报纸和杂志

37. Julie Bosman, "Jets? Yes! Sharks? ¡Sí! in Bilingual 'West Side,'" *New York Times*, July 17, 2008, http://www.nytimes.com/2008/07/17/theater/17bway.html.

38. "Pushcarts Evolve to Trendy Kiosks," *Lake Forester* (Lake Forest, IL), March 23, 2000.

MLA 作者—页码系统

在这种文献引用方法中，通常会在正文中用作者的姓氏（位于短语中或圆括号内）和相关页码（位于圆括号内）来标明出处。读者可通过文内引用标记参考引用作品列表，该列表提供了有关资源的更详细的信息。该列表按作者姓氏字母顺序排列，没有作者的资料除外。

文内引用标记

在典型的引用标记中，如果正文中提到了作者，则只需在圆括号中注明页码。

According to MacIntyre, Montesquieu seems to have believed in unshakeable ethical norms while also embracing a kind of ethical relativism (178).

不过，如果正文中没有提到作者，则需要在圆括号中同时注明作者的姓氏和相关页码。

Montesquieu seems to have believed in unshakeable ethical norms while also embracing a kind of ethical relativism (MacIntyre 178).

请注意，括号中的信息出现在相关段落的末尾。作者姓氏和页码之间没有逗号，括号插在句号前面。

下面是一些典型的文内引用标记的变体。

两位或三位作者

Moore and Bruder discuss early skepticism and comment on Protagoras (128–29).

Early skepticism and Protagoras are inextricably linked (Moore and Bruder 128–29).

The anthology, however, never did justice to Kant's work, especially the writings of the later period (Bender, Smith, and Atwood 308).

三位以上作者

Secondary education still seems to deemphasize critical thinking skills (Jones et al. 144–45).

同一作者的多部作品

The quality of secondary education seems to vary considerably throughout the world (Jones, "Schools" 435).

［注：正文中未提及作者。括号内的材料为作者姓氏、标题缩写和页码。引号表示这是文章或短篇小说等短篇作品的标题。］

Jones argues that the quality of secondary education varies considerably throughout the world ("Schools" 435).

［注：正文中提到作者。］

Phillip Jones argues in *Schools of Tomorrow* that the quality of secondary education varies considerably throughout the world (435).

［注：作者和标题均在正文中提及。］

整部作品

In *Critical Thinking*, Larry Wright focuses on analytical reading.

［注：无需括号和页码。］

Considerable work has already been done to make analytical

reading a main focus of critical thinking (Wright).

［注：仅引用了莱特的一部作品，且莱特的名字未在正文句子中出现。］

作者不详

Some philosophical arguments have never completely retired from the public square ("Philosophical" 92).

［注："Philosophical"是短篇作品的标题缩写；这部作品在引用作品列表中按标题缩写的字母顺序排列。］

多卷本丛书的一部分

The last two hundred years of that period saw very little progress in philosophy and mathematics (Michaels 5:689).

［注：指第 5 卷第 689 页。］

According to Michaels, the last two hundred years of that period were unimpressive (5:689).

［注：正文中提到了作者。］

多卷本丛书中的整卷

In the Hellenic period, philosophy seemed to flounder (Henry, vol. 3).

同姓作者（作品不同）

George Smith offered a powerful argument against federalism (650).

In 1801, a powerful argument was offered against federalism (G. Smith 650).

团体作者

Double-blind controlled trials have shown that large doses of the vitamin are ineffective against cancer (Natl. Cancer Institute 77).

［注：括号内的团体作者姓名尽可能缩写。］

According to the National Cancer Institute, double-blind controlled trials have shown that large doses of the vitamin are ineffective against cancer (77).

［注：正文中的团体作者姓名应完整拼写。］

文集中的文章或选段

In "The Dilemma of Determinism," William James argues that indeterminism makes free action possible (333).

［注：页码指文集的页码。］

In science and everyday affairs, the notions of determinism and indeterminism are in conflict (James 333).

间接引用

Russell says "no priest or churchman will attend me at my deathbed" (qtd. in Jones 56).

［注：此处使用"qtd. in"（quoted in，引自）表示引文并非直接来自被引述的发言者，而是来自引述原发言者或原作者的其

他人。]

两个或多个来源

The ancient Greeks, however, were a strange mix of rationalism, mysticism, and paganism (Frederick 22; Hoffman 456).

[注：括号中的两个来源用分号隔开。]

引用作品列表

引用作品列表旨在完整记录论文写作中使用的所有资料来源。读者应该能够通过阅读该列表，获得足够的信息来查阅每一个被提到的资料来源。列表的标准格式是：按作者姓氏的字母顺序排列资料来源，如果作者不详，则按资源标题的第一个词排列。书名和期刊名用斜体或下划线标注。（参见第四章章末的引用作品列表示例页。）

MLA 格式有助于确保作者姓名可读性高且易查找。条目的第一行向左对齐，其余各行缩进（悬挂缩进）。

以下是几种资源的条目示例。

图　书

一位作者

Simpson, Carol. *Time's Arrow: The Ancient Conceptions of Time, Motion, and Symmetry.* Mountain View, CA: Upton, 1980.

同一作者的多部作品

Johnson, Larry. *The Ancient Greeks*. New York: Putnam-Bantam, 1979.

---. *The Hellenic Age*. New York: Oxford-Putnam, 1999.

---. *The Wars of Alexander*. New York: Putnam-Bantam, 1990.

［注：用三个连字符加句点代替姓名。］

两位或三位作者

Smith, Nancy H., and John Morgan. *Great Philosophy in the Ancient World*. Mountain View, CA: Greenland, 1990.

Smith, Nancy H., John Morgan, and J. C. England. *Great Philosophy in Plato's Time*. 4th ed. Mountain View, CA: Greenland, 1966.

三位以上作者

Smith, Nancy H., et al. *Philosophy, Mathematics, and Mysticism in Ancient Times*. 5th ed. Mountain View, CA: Greenland, 1967.

团体作者

National Philosophical Fund. *Employment Prospects for Philosophers*. New York: Huffman, 1970.

文集中的文章或选段

Keen, Janice. "Utilitarianism Revisited." *Readings in Moral*

Philosophy, edited by Gregory Stillman. New York: Huffman, 1922. 300–12.

文　集

Jones, Nathaniel, and Katharine Wendell, eds. *Philosophy and Religion*. Mountain View, CA: Greenland, 1956.

后来的版本

Simpson, Carol. *Time's Arrow: The Ancient Conceptions of Time, Motion, and Symmetry.* 4th ed. Mountain View, CA: Upton, 1940.

参考工具书中的条目

"Ethical Naturalism." *Oxford Dictionary of Philosophy*. 1996.

期　刊

期刊文章

Jones, Nathaniel. "Empiricism Revisited." *Philosophy and Religion*, vol. 6, no. 1, 1996, pp. 28–35.

杂志文章

Davis, Samantha. "Ethics in the Workplace." *Harper's*, Jan. 1991, pp. 60–63.

〔注：文章标题用引号括起；杂志名称用斜体或下划线标出。

不应包括卷号和期号。]

书　评

Jensen, Eileen. "When Politics and Philosophy Meet." Review of *Commander-in-Chief* by Jonathan Sosa. *Harper's*, 30 Jan. 2001, pp. 56–62.

[注：书评作者姓名在前；书籍作者放在书名之后。]

报纸文章

Jackson, Edward. "Abortion Protests Continue." *New York Times* 4 Oct. 2004, national ed.: A21.

[注：文章标题用引号括起；报纸名称用斜体或下划线标出。不应包括卷号和期号。]

网络作品

以下一些示例摘自《MLA 手册》（第 8 版），关于如何在引用作品列表中标注网络资源，你可以在该手册中找到更多帮助。

网　站

Suber, Peter. *Guide to Philosophy on the Internet*. Apr. 1999. 1 Oct. 2004, http://www.earlham.edu/~peters/philinks.htm.

[注：网站标题用斜体或下划线标注。第一个日期是资源在线发表或最新更新的日期；第二个日期是访问网站的日期。如果作者姓名不详，则使用网站标题。]

网络图书

MacIntyre, Alasdair. *After Virtue*. Indianapolis, IN: Notre Dame, 1984. 1 Oct. 2004, http://www.netlibrary.com/EbookDetails.aspx.

［注："Indianapolis, IN: Notre Dame, 1984"是该书的印刷出版信息。网址前的日期为访问网站的日期。］

网络期刊或杂志文章

Deresiewicz, William. "The Death of the Artist—and the Birth of the Creative Entrepreneur." *The Atlantic*, 28 Dec. 2014, www.theatlantic.com/magazine/archive/2015/01/the-death-of-the-artist-and-the-birth-of-the-creative-entrepreneur/383497/.

Klein, Naomi. "You Can't Bomb Beliefs." *Nation* 19 Oct. 2004. 1 Nov. 2004, http://www.thenation.com/doc.mhtml?i=20041018&s=klein.

Chan, Evans. "Postmodernism and Hong Kong Cinema." *Postmodern Culture*, vol. 10, no. 3, May 2000. *Project Muse*, doi:10.1353/pmc.2000.0021.

博客或文章

Hollmichel, Stefanie. "The Reading Brain: Differences between Digital and Print." *So Many Books*, 25 Apr. 2013, somanybooksblog.com/2013/04/25/the-reading-brain-differences-between-digital-and-print/.

附录 C

练习的答案

写出有效的句子

1. Students must deal with inattentive administrators, deficient security, and unjust treatment.

2. The president seems oblivious to our problems. Why is he so blind?

3. The creation of incredible technologies and innumerable smart systems in every area of our lives is dramatically changing our civilization.

4. I knew you were there; I saw your car parked in the usual place.

5. Because Juan's behavior affected so many others, we are now considering banning him from the club until he agrees to alter his

attitude toward club members.

6. While driving in a terrible snowstorm, the driver struck a deer with his truck. The truck was not damaged.

7. I was very comfortable sitting by the fireplace; I could feel the warmth soaking into me.

8. David Hume's skepticism was far-reaching and deeply troubling to him, but he found that spending relaxing time in the company of his friends could temporarily ease these philosophical worries.

9. After listening to the concert and feeling immensely satisfied with the performance, I realized that my friends from school could not appreciate classical music the way I do.

10. After walking ten miles in the pouring rain, Emily thought the warmth of the café felt like heaven.

11. I wrote the novel in a single, delirious week. When I finished it, I saw that I had forgotten to give the book a title. Then I saw that I had built the first scene in the most amateurish way possible.

12. Tatiana is one of those dancers who take great pride in every performance.

13. Maria can choose to rewrite the first paper, to write a different paper, or to try to resurrect an old paper from last year.

14. I could see immediately that his argument was faulty.

15. If I'm late, you may promptly start without me.

16. Scientists are trying to build a faster, more intuitive computer

by experimenting with quantum computing.

17. There are a million people living in the eastern part of the country.

18. Edward looked at each candidate in the room, each of his glances seeming to have a different meaning.

19. Anne was typing away on her laptop while listening to a new CD when the keyboard suddenly stopped working.

20. I'm not going to class today because I have a cold even though I've taken good care of myself this semester.

选择正确的词语

1. The economic forecast will greatly affect our estimates of future employment.

2. I must compliment you on your planning for the awards ceremony.

3. He was calm as he worked vigorously to staunch the growing problem.

4. Famous theologians offered arguments for the existence of God.

5. He walked to the door, saying that he wanted to leave.

6. She fretted because the review of her work was imminent, and the magnitude of the project worried her more than ever.

7. Three notorious burglars broke into the safe.

8. After the accident, he crawled to the edge of the road and flagged

down a motorist.

9. In her testimony, she referred to the testimony of the other witness.

10. After the lightning strike, he was extremely jittery.

11. Several distinguished women bluntly made the allegations.

12. He was at the conference to flaunt his newly acquired wealth and his eminence in the field.

13. Karen recollects her harrowing days in a war zone.

14. The facts of the case are that Edgar strolled into the room without saying a word.

15. As a judge, she had to be disinterested while assessing the worth of cases brought before her.

16. Alice said Tomas was without guile, and by that she implied that he was trustworthy.

17. In his religion he was expected not only to obey but also to do good works.

18. As soon as you fill in the spreadsheet, you can check it for mistakes.

19. Zoroastrians believe that there are two warring deities in the universe.

20. The two rivals wanted never to meet, but they had a fortuitous encounter anyway.

附录 D

哲学论文研究

哲学论文的研究工作主要涉及两项技能：**查找资料**和**评估资料**。你可能会认为，要撰写哲学论文，查找资料就必须搜索专门讲哲学的书籍、期刊文章和网站。但你只说对了一半。诚然，哲学资料总是与撰写好的论证相关——它们很可能包含与你的主题相关的著名和不太著名的论证的例子、评论和历史。它们可以为你指出最佳论证，帮助你避免糟糕的论证，并指导你设计自己的论证。但哲学也关乎实在，关乎世界的本质，因此它涉及生活中的事实——经验的、道德的和科学的事实。而这些事实与你提出的任何哲学论证也都息息相关。比方说，如果你想对堕胎的道德性进行有理有据的论证，你可能需要了解以下部分或全部内容：女性生殖系统的生理结构、堕胎手术的安全性、反堕胎组织和主张堕胎合法组织的主流观点、最高法院著名的"**罗伊诉韦德**"案的细节、堕过胎的女性的态度和经历、民意调查所表明的公众对堕胎的态度——你懂的！

因此，你的研究不仅会涉及哲学资料，还会涉及许多其他种类的资料。为了找到这些资料，你最终可能会把网站、博客、数据库、网络参考工具书、书籍（网络和纸质）、图书馆数据库、电子期刊、报纸和杂志搜寻个遍。当然，你可以从一个好的搜索引擎和附近的实体图书馆开始你的探索之旅。

要想有效评估这些非哲学资源的可靠性、准确性和权威性，需要掌握许多与评价哲学资源相同的技能。

查找（大部分）哲学资源

一般哲学参考工具书

Stanford Encyclopedia of Philosophy (https://plato.stanford.edu/entries/reference/)

Dictionary of Philosophical Terms and Names (http://www.philosophypages.com/dy/)

Internet Encyclopedia of Philosophy (http://www.iep.utm.edu/)

David Chalmers philosophy page (consc.net)

EpistemeLinks (http://www.epistemelinks.com/)

Routledge Encyclopedia of Philosophy (https://www.rep.routledge.com/)

Fallacy Files (http://www.fallacyfiles.org/index.html)

Meta-Encyclopedia of Philosophy (http://www.ditext.com/encyc/

frame.html)

Dictionary of Philosophy (http://www.ditext.com/runes/index.html)

哲学文章

Philosophy Papers (https://philpapers.org/)

UMI ProQuest Digital Dissertations (http://www.proquest.com/products-services/dissertations/)

PhilSci Archive in the Philosophy of Science (http://philsci-archive.pitt.edu/)

哲学博客

Leiter Reports: A Philosophy Blog (http://leiterreports.typepad.com/)

The Brooks Blog (http://the-brooks-blog.blogspot.com/)

Fragments of Consciousness (http://fragments.consc.net/)

网络期刊和杂志

Cambridge Core (https://www.cambridge.org/core/journals/philosophy)

Journal of Philosophy (https://www.journalofphilosophy.org/)

The Philosopher's Magazine (http://www.philosophersmag.com/)

Philosophy Now Magazine (https://philosophynow.org/)

网络书籍

Bartleby Great Books Online (http://www.bartleby.com/subjects/)

A Miniature Library of Philosophy (https://www.marxists.org/reference/subject/philosophy/index.htm)

Project Gutenberg (http://www.gutenberg.org/)

关于道德问题的资源

一般资料

Online Guide to Ethics and Moral Philosophy (http://caae.phil.cmu.edu/Cavalier/80130/)

Ethics Updates (http://ethics.sandiego.edu/index.asp)

Bioethics Resources on the Web (National Institutes of Health) (http://bioethics.od.nih.gov)

Bioethics.Net (http://www.bioethics.net)

性、爱情和婚姻

Philosophy Research Base (Same-Sex Marriage) (http://www.erraticimpact.com/~lgbt/html/same_sex_marriage.htm)

堕 胎

Abortion: All Sides of the Issue (http://www.religioustolerance.org/abortion.htm)

Abortion and Ethics (http://ethics.sandiego.edu/Applied/Abortion/index.html)

Guttmacher Institute (http://www.guttmacher.org/)

安乐死和医生协助自杀

Euthanasia.com (http://www.euthanasia.com/page5.html)

Stanford Encyclopedia of Philosophy ("Voluntary Euthanasia") (http://plato.stanford.edu/entries/euthanasia-voluntary/)

Ethics Updates (Euthanasia and End-of-Life Decisions) (http://ethics.sandiego.edu/Applied/Euthanasia/index.asp)

对动物和环境的责任

Center for Environmental Philosophy (http://www.cep.unt.edu/)

Stanford Encyclopedia of Philosophy ("The Moral Status of Animals") (http://plato.stanford.edu/entries/moral-animal/)

Environmental Ethics (journal) (http://www.cep.unt.edu/enethics.html)

恐怖主义

Stanford Encyclopedia of Philosophy ("Terrorism") (http://plato.stanford.edu/entries/terrorism/)

U.S. Department of State (Significant Terrorist Incidents) (http://www.state.gov/r/pa/ho/pubs/fs/5902.htm)

人类研究

U.S. Food and Drug Administration (Clinical Trials) (http://www.fda.gov/oc/gcp)

Centers for Disease Control (The Tuskegee Study) (http://www.cdc.gov/tuskegee/timeline.htm)

遗传学

National Bioethics Advisory Commission (Stem Cells) (http://bioethics.georgetown.edu/nbac/execsumm.pdf)

National Institutes of Health (Stem Cells) (http://stemcells.nih.gov/info/basics/basics1.asp)

Bioethics Resources on the Web (Genetic Testing) (http://bioethics.od.nih.gov/genetictesting.html)

生殖技术

American Society for Reproductive Medicine (http://www.asrm.org)

National Bioethics Advisory Commission (Cloning) (http://bioethics.georgetown.edu/nbac/pubs/cloning1/cloning.pdf)

Human Genome Project (Cloning Fact Sheet) (http://www.ornl.gov/sci/techresources/Human_Genome/elsi/cloning.shtml)

评估网络资源

研究表明，当今的许多学生——那些几乎生来就会给朋友发短信和上网的学生——缺乏理解媒体信息、运用批判性思维评估其真实性，以及检查其消息来源可信度的技能。

但我们还有希望。批判性思维是抵御网络危害的有效手段，包括抵御糟糕的论证、无根据的断言、有动机的推理、宣传、骗局、炒作、阴谋论、无事实根据的谩骂、挑衅、威吓等等。尽管运用批判性思维这个工具来对付谬误和谎言是至关重要的，但还需要一些更重要的东西——**合理怀疑**的态度，没有它，批判性思维就无从谈起。

这种态度要求我们放弃不假思索接受媒体说法的习惯，拒绝"网上大部分言论都是真实的"这一可疑的假设，不再轻信网上的消息来源。最重要的是，合理怀疑意味着**我们不相信某个说法，除非有正当理由**。所谓正当理由，是指那些能增加说法为真的可能性的理由。这些理由来自可靠的证据、可信的消息来源和批判性的推理。问题是，我们常常会寻求一些不正当的理由，即那些与某项说法的真实性**无关**的理由。以下是一些接受或拒绝媒体说法的不正当理由：

- 我的群体（政治派别、政客 X 或 "专家" Y 的粉丝、网络社区等）信任该个消息来源。（所以我也会相信。）
- 这个消息来源与我的信仰相悖。（如果我不同意，它肯定是假新闻。)

- 对立群体拒绝接受这一消息来源。(所以我会接受，因为我讨厌那个对立群体。)
- 这个消息来源强化了我的信念。(所以我会毫无疑问地相信它。)
- 我拒绝任何来自我不喜欢的消息来源的说法。(因为他们说的都不可能是对的。)
- 我强烈地感觉到这个消息来源的说法是真实的，因此它们是真实的。(因为只有我的感觉才能证明这些说法。)
- 我相信我的领导，而他/她却讨厌这个消息来源。(所以我也会讨厌它，因为我相信他/她所说的一切。)
- 相信这种说法或消息来源会让我感觉良好。(感觉良好才是最重要的。)
- 我让直觉告诉我是否相信某个消息来源。(这样可以节省时间和精力。)

确实，有时仅仅因为消息来源说某一说法为真，就完全有理由相信它。但只有在你事先通过检查支持消息来源的正当理由，从而证实消息来源的可靠性后，这种态度才是恰当的。

也许你已经是一个怀疑论者：你不信任主流媒体的**所有消息来源**。也许你这样做是对的；也可能不对。无论如何，关键问题还是：你的观点有什么正当理由？仅仅说主流媒体不可信，并不能免除你对这一说法进行批判性思考的责任。

在对媒体（主流媒体或其他媒体）的可信度进行批判性评估

时，检查是否有好的理由相信或不相信是绕不开的艰苦工作。不可否认，这样做往往需要极大的勇气。请记住，**一个优秀的批判性思考者几乎可以相信任何事情——只要有足够好的理由**。

因此，在评估网络资源时，培养合理的怀疑态度至关重要。幸运的是，即使在信息圈的蛮荒地带，我们也可以采用一些有用的策略来辨别什么是真实的，什么是虚假的，什么是值得我们花时间研究的。

横向阅读

斯坦福历史教育集团（Stanford History Education Group）进行的广泛研究表明，当专业的事实核查人员想知道一个网站是不是可靠的信息来源时，他们会**横向**阅读——他们会在快速浏览之后离开网站，看看其他来源对网站背后的个人或组织有什么评价。[①] 他们不会只是纵向阅读——他们不会停留在网站内，让自己被那些并不确定的可靠性指标的特征（如网站的布局、设计和听起来很权威的名称）干扰。因此，优秀的事实核查人员比其他人更有可能、也能更快地对网站的可靠性得出准确的结论。

因此，通过横向阅读，你至少可以快速做三件事：

（1）确定你所看到的信息背后到底是谁。

---

① Sam Wineburg and Sarah McGrew, "Lateral Reading: Reading Less and Learning More When Evaluating Digital Information," Working Paper No. 2017 A1, Stanford History Education Group, https://sheg.stanford.edu, September 2017.

（2）发现信息背后的目的或动机（是向你推销东西、说服你支持某项事业、推动政治观点、报道新闻，还是逗你开心？）。

（3）了解信息来源的可信度。

横向阅读就是比较信息来源，这在有关哲学、政治或社会问题的辩论中尤为重要。查阅各种资料有助于你正确看待信息，发现错误和偏见，找出专家之间的共识和分歧，并找出证据的优势所在。当然，你在寻找信息来源时应该精心策划并有所限制，但研究的资料太少可能会导致观点片面、不完整和错误。

你如何判断你得到的新闻是否完整，是否有你没有看到的重要新闻或事实？你不能判断，除非你查看其他新闻来源来寻找是否有遗漏的新闻。阅读各种报纸、新闻杂志、博客、网站和舆论期刊是确保你了解全局的最佳途径。

AllSides.com 网站是比较不同观点的一个有用工具。该网站采用合理的标准，对数百家媒体机构和作家的政治倾向进行评级，然后针对特定的新闻报道，提供从左派到中间派再到右派等多种政治视角报道这些新闻的文章。ProCon.org 是另一个可靠的网站，它也从多个角度报道有争议的问题。

批判性地阅读

归根结底，网站、社交媒体和其他信息来源的可信度取决于其主张的真实性。批判性思维告诉我们，合理的做法是：

（1）接受可靠的权威、证据或其他已知为真的主张所独立支持的主张；

（2）接受该信息来源自身通过援引其他可信的信息来源（专家、研究、报告等）或支持性的事实而充分支持的主张；

（3）有好的理由相信某个主张为假时，拒绝接受它；

（4）对不确定的主张悬置判断，因为在没有好的理由的情况下接受一种主张是不合理的，而要消除对信息来源所提观点的疑虑，唯一的办法是进一步研究和思考。

要问的关键问题是：

- **这些主张是否可信？** 这些主张表面上说得通吗？是否正如讽刺网站"洋葱"（The Onion）所报道的，ICE（美国移民和海关执法局）将一名孕妇扔过边境墙，使她无法在美国本土生下孩子？绝对说不通。这一壮举按自然规律几乎是不可能的，而且它是由一个以报道此类古怪故事而闻名的讽刺网站报道的。（请参阅 Snopes.com 对这一说法的驳斥。）

如果有帖子或网站宣称昨天有 UFO 降落在白宫草坪上，你可以正确地怀疑这种主张，因为，且不说别的，这种离谱的说法在互联网上很常见，没有任何 UFO 的说法被证实过，没有任何主要新闻机构报道过真正的 UFO 降落，科学家和有能力的调查人员从未证实过任何一起 UFO 案件，等等。

如果一个主张在你看来不靠谱，那就不要相信它，除非你已经验证过了。

- 支持这些主张的是什么？参考值得信赖的网站或新闻机构、科学研究、合法专家或知名机构的民意调查，检查它们是否得到支持。看看论证是否坚实——也就是说，支持性前提是否为真，结论是否可以按合理逻辑从前提得出。
- 是否有可靠的事实核查机构考察过这些主张？病毒式传播的报道通常至少会由一家顶级事实核查机构进行事实核查。（请参阅末尾的"使用值得信赖的事实核查机构"。）

谨慎使用谷歌和维基百科

熟练的研究人员会使用谷歌和维基百科，但他们会用得很明智。当你在谷歌中输入问题或关键词时，首先列出的几乎肯定是得到赞助的来源——广告，它们很可能带有偏见或误导性。其他排在前面的结果将由谷歌的算法或其他希望自己的网站排在最前面的人选择。因此，排在前面的结果并不一定是可靠的或相关的。

但是，如果你知道如何使用谷歌，它仍然是一个有用的研究工具。试试这些技巧：

- 使用 Google Scholar（scholar.google.com）进行搜索。它只检索值得信赖的学术期刊、论文和书籍的链接。

附录 D：哲学论文研究

- 将搜索范围缩小到最有可能获得可靠信息的域名，即以 .edu（教育网站）、.gov（国家、州和地方各级政府官方机构）和 .org（非营利和营利实体，包括学校和社区）结尾的域名。
- 为了更好地锁定主题，避免获得大量无关的搜索结果，请在应作为一个搜索单元的几个单词周围使用引号：

  输入："John Carson" novelist Chicago
  而不是：John Carson novelist Chicago

- 使用句法"site:"在特定网站内搜索。例如，要查找《今日美国》上关于难民的文章，请输入"site:usatoday.com refugees"。①
- 使用句法"related:"搜索与你感兴趣的网站类似的网站。例如，输入"related:artvoice.com.my"可查找与 Artvoice.com 相似的网站。

维基百科的词条是由用户创建的，因此学者和记者认为它不如知名出版社的参考工具书那样一贯准确或可靠。这就是为什么在学术论文中引用维基百科词条作为出处往往会受到批评。尽管如此，维基百科对开始研究项目来说还是一个非常有用的地方。词条末尾庞大的资源列表可以为你指出大量权威书籍、论文参考

---

① 在这种搜索句法中，网址和搜索内容之间要加上一个空格，如在此例中，site:usatoday.com 和 refugees 之间要有一个空格 。——译者注

235

资料、专家和网站。从这些资源列表开始，你就可以沿着研究方向，随时检查这些资源的可靠性和适用性。

检查你自己的偏见

你已经知道，证实偏差（confirmation bias）是人类的通病。在所有媒体、公共生活和私人生活中，这种偏见都很猖獗（它似乎在政治中占绝对优势）。但是，如果我们不遗余力地寻找的只是证实性的证据，我们最终接受的主张可能并不为真，看到的关系可能并不存在，找到的证实也可能并不是真实的。

最好的解决方法就是**既寻找证实的证据，也寻找证伪的证据**。我们会自然而然地倾向于我们认同的人和政策，倾向于支持我们观点的书籍，倾向于与我们的政治观点相呼应的杂志和报纸。获得更广阔、更聪明、更具批判性的视角需要付出努力和勇气。

使用值得信赖的事实核查机构

事实核查机构会对消息来源的可靠性和主张的真实性进行评级，但谁来评估事实核查机构的可信度呢？幸运的是，最好、最可靠的事实核查机构都有一些我们很容易识别的特征：(1) 它们是非党派性的，其资金来源完全公开；(2) 它们解释其事实核查的方法并披露其消息来源；(3) 它们尽可能使用非党派性和第一手的消息来源，并对带有强烈倾向性的信息持适当怀疑态度;(4)它们使用中性措辞,尽量减少诉诸情感、刻板印象和逻辑谬误;(5)它们在选择报道主题时避免党派性因素;(6)它们在发表消息后及时纠正错误;(7)它们在准确报道方面有可靠的业绩。

以下是符合所有或几乎所有这些标准的五个顶级网站。[①]

Snopes.com——历史最悠久、可能也是最值得信赖的事实核查网站之一。多年来,它一直在对都市传说、谣言、错误观念和假新闻做出明确的判断。事实准确性:高。

PolitiFact.com——检查政治主张准确性的最佳网站。曾获普利策奖。事实准确性:高。

FactCheck.org——与 Politifact 一样,该网站致力于减少美国政治中的欺骗和错误信息。它会检查演讲、电视广告、新闻稿、访谈等言论中的政治声明的准确性。事实准确性:非常高。

TruthOrFiction.com——与 Snopes 类似,该网站对都市传说、错误观念、网络谣言和其他可疑的说法进行事实核查,但通常侧重于重复出现的故事,而不是由当前事件引起的故事。事实准确性:非常高。

Hoax-Slayer.com——一个可靠的网站,主要揭穿网络骗局,尤其是 Facebook 上出现的骗局。事实准确性:非常高。

其他推荐网站包括:《华盛顿邮报》"事实核查"专栏(Fact

---

① 这些评价的来源是 MediaBiasFactCheck.com,它是一个对传统和网络新闻来源的倾向和准确性进行评级的权威网站,而它本身也符合上述所有 7 项标准。某些推荐的事实核查网站(如 Snopes.com 和 FactCheck.org)也是国际事实核查网络(International Fact-Checking Network,简称 IFCN)的事实核查准则(code of principles, http://www.poynter.org/ifcn-fact-checkers-code-of-principles/)的签署方。

Checker），AP Fact Check (https://www.apnews.com/APFactCheck)，NPR Fact Check (npr.org)，The Sunlight Foundation (sunlightfoundation.com)，the Poynter Institute (poynter.org)，AllSides.com，FlackCheck.org 和 OpenSecrets.org。

译后记

2023 年 6 月，东方巴别塔（现更名为领学东方）图书公司的何梦姣编辑在豆瓣上给我发信息，请我帮忙推荐《哲学写作指南》（以下简称《哲学写作》）一书的译者。拿到书后，我发现作者是沃恩。之前我已经读过他的《做哲学：88 个思想实验中的哲学导论》一书，因此立马对《哲学写作》也产生了兴趣，冉把这本书粗略地翻了翻，觉得很有价值，于是便自己揽下了这个活儿。原因之一是，我这些年虽然一直在讲行哲学写作与阅读的教学，但一直没有找到特别合适的中文教材。

我对哲学写作的重视，很大程度上缘于 2010 年到加尔文学院（现更名为加尔文大学）的访学经历。我的合作导师是 Steve Wykstra 教授，一个和蔼可亲、风趣好玩的老头，好做麻婆豆腐。完全可以说，正是他促进了我对哲学写作教学的重视。Steve 成立了一个阅读与写作小组，每周一次带我们阅读哲学文本，强调写作的重要性。他时常提起一件让他感到自豪的事情：两年前有两位武大的学生在加尔文学院参加类似项目，他训练了她们的写作，而一年后，这两位学生申请上了康奈尔大学的哲学博士（两位博士现在都是极出色的哲学工作者，其中一位现在是我武大的同事，另一位曾在上海纽约大学工作过，现在去了澳大利亚）。Steve 没有出版哲学写作的教材，但有一些非常实用的小 tips。我印象尤其深刻的是他当时的一个说法，即写作应该尽可能靠近这样一个目的："读者不会因为作者的语言而停顿，只会因为语言表达的思想本身而停顿。"而这样做是为了体现"对读者的尊重"，因为写得晦涩难懂就会浪费读者的时间。Steve 如果熟悉鲁迅，可能还会补一句，"其实是无异于谋财害命的"。

回国后我于 2012 年开始授课，开的第一门研究生课程就是哲学写作，此后每年都开，只因 2017—2018 年度出国访学间断过一年。不仅如此，2020 年我还跟郁锋老师一起给本科生开了同样的写作课程。调到武大后，我也继续开设哲学写作课。

在哲学写作课程中，我一直在摸索如何把"分析风格"融入教学。我对分析风格产生兴趣缘于北大求学，当时旁听了程炼与徐向东两位老师开设的多门课程，课程阅读材料全是关于分析风格的。不过让我明确意识到这是所谓"分析风格"的，则是分析马克思主义者科恩（G. A. Cohen）的《自我所有、自由和平等》一书。可以说，程炼老师在《思想与论证》一书中提出的"苏二条"，就是对"分析风格"精辟的概括："苏格拉底身上显示出哲学探索的两项指标（我把它们简称为'苏二条'）：第一条，我

译后记

们要用清晰的概念将思想清晰地表达出来，我们要用字面的意思（literal meaning）而不是修辞的方式说话；第二，我们的思想要经得起推敲和论证，而不是愿望式的、跳跃式的、故弄玄虚的。"[1]

不过当时在我眼里，分析风格只是要求文章内容清晰。我把程炼老师提出的"苏二条"进行扩展，写成《分析方法杂谈》一文发布在网上，在文中我还提出了所谓"3N"文章，即"No thesis, No argument, Nothing"（没有论点、没有论证，就一无是处）。[2]（当时年轻气盛，现在年近半百的我，意识到这个断言最多只适用于强调原创的学术论文。）

然而，极具反讽意味的是，极力强调分析风格的我，不时会听到朋友说，看不大懂我的论文在表达什么。然而，这并未引起我真正的重视，我认为问题只是在于朋友们不熟悉分析风格，因此更感到提倡分析风格的紧迫性。而加尔文学院之行才让我真正明白，分析风格针对的不止是内容，表达形式也同样重要。因此，我开设的哲学写作与阅读课程，同时强调两个方面：一个是分析风格的核心在于论证的内容，另一个则是如何让论证变得清晰好懂。

如何做到这点？了解基础知识非常重要，特别是对于自学的同学来说。而《哲学写作》的可操作性极强，是我目前看到的最适合学生自学的哲学写作教材。我在接触 Steve 之前，尽管

---

[1] 程炼，《思想与论证》，北京：北京大学出版社，2005年，第2—3页。
[2] 葛四友，《分析方法杂谈》，2009年1月13日，https://www.aisixiang.com/data/29001.html。

意识到分析风格的重要性，但显然不清楚如何让论证变得好懂。在参与 Steve 的阅读小组时，我找到了哲学家马蒂尼奇（A. P. Martinich）的 *Philosophical Writing* 一书，Steve 看到我拿的书后，对其赞赏有加。我在之后十多年的教学中一直用的是马蒂尼奇的这本教材，但就学生自学来说，沃恩的这本《哲学写作》显然更为合适。因为马蒂尼奇的文本对学生要求较高，更适合在老师指导下进行学习，而沃恩这本教材的目的就是尽力减少对老师的依赖："《哲学写作》试图尽可能接近这个理想：提供一本简短的、可以用于自我指导的手册，涵盖论证性文章写作的基础知识，并促使学生快速习得写作技巧，而无须教师投入过多精力。"本书的最大特色就是"以规则手册的形式概括出良好写作的核心原则"。[①] 从我的经验来看，本书确实做到了基本上不需要老师的指导。

不过在中国，分析风格的哲学写作面临着两个不利的环境。第一个不利环境是我们的传统教育观念。中国式的传统教育在某种程度上说一直是一种知识记忆型教育，特别强调"读书百遍，其义自见"。"小镇做题家"在某种意义上就是这样一种教育观的体现。这种教育观带来的问题就是我们的创新能力不足。创新能力不足的问题暴露出来后，国内开始大力提倡批判性思维，同时出现了各种批判性思维的教材，译著尤其多，但是效果并不明显。一个根本原因是，我们依然是一种知识记忆型教育，以为有了批判性思维的知识，就能解决创新性不足的问题。但现代教

---

① 参见本书前言。

育，包括分析风格的哲学写作教学，在本质上就不只是一种知识记忆型教育，其主要目标是培养一种思维能力。然而，思维能力的获得要通过很多的实践练习。因此，尽管分析风格的要求清晰好懂，但它并不是可以死记硬背并直接应用的机械规则，而是需要在不同的语境中、针对不同的受众，经过不断的练习才能习得的能力。

第二个不利环境是我们的传统表达观念。我们并未真正重视哲学写作，尤其是不大重视分析风格写作的基本规范，有几个方面的原因。首先，我们基础教育中的写作教学几乎完全来自于语文课写作，而这种写作好用修辞手法，强调各种气势磅礴的排比与匠心独运的比喻等。其次，中国的传统文化和人情风俗要求我们说话含蓄，要求我们为尊者讳、为亲者讳，要求我们说话要留余地，不要太直接，有时甚至要求我们睁一只眼、闭一只眼，用模棱两可的话来把事情糊弄过去。最后，以四书五经为底的千年科举考试，带来的是崇尚权威的心态，带来的是绝佳的应试本能，对权威的批判则会被认为是人身攻击。相反，分析风格要求清晰准确地传达思想，尽量少用修辞手法，鼓励批判性思考，因此与我们的传统表达观念相比显得格格不入。

由此带来的后果是，国内的写作教材比较少，分析风格的哲学写作教材就更少。目前我们在网络上能找到的国内哲学写作教材只有两本，而沃恩的《哲学写作》竟然成为了国内第一本哲学写作教材译著。过去很长一段时间，国内没有几个哲学系专门开设哲学写作课程，更不要说分析风格的写作课程了。这几年这种情况的确有所改善，有些年轻老师开设了一些写作课程，但其规模与哲学写作的重要性完全不相匹配。因而，可以想见的是，在未来较长的一段时间内，不少学哲学的同学可能还是需要自学哲学写作，从这个意义上讲，沃恩这本《哲学写作》教材的翻译，是很有必要的。

接下来我将根据自己多年开展写作课程的经验，就如何提升阅读与写作能力提出一些建议，希望对使用《哲学写作》进行自学的同学能有点帮助。

首先，我们内心要真正重视写作，或者往大了说，重视沟通与表达。前面我们已经提过，好的写作是对读者的尊重，不浪费读者的时间。实际上，好的表达不仅对读者有益，更能够促进作者自己的研究。很多人可能认为，写作只是一种表达形式，学术研究中真正重要的只是思想与观念（包括论证）。按我们中国的俗话讲，我们应该重意而不是重形。然而，学术研究的特点在于，如果我们说不清楚、写不清楚，其实就说明我们还没有真正地想清楚。因此，清晰的沟通与表达是深入研究的前提，可以大大提高研究的效率。

其次，提高写作能力的第一步其实不是写，而是读。我们首先得知道一般的学术论文是怎么写的，这样才有个模仿的对象。按照我个人的理解，开始尽量去阅读现代学术文献，不要去碰古代经典，也不要去读晦涩难懂的开创性文献，比如说黑格尔与康德的原著。这些不是不值得读，而是对于初学者来说性价比太低，尤其是在没有好老师带读的情况下更是如此。越是晚近的学术论文，越是符合现代学术论文的基本规范，也就越能让同学们轻松地把握学术论文的精髓。面对这样的论文时，同学们可以参照沃恩的教材，去验证各篇论文与沃恩概括的各种规则是否相符。

与此同时，同学们阅读这些论文时还可以着眼于以下几个方面：第一，论文要处理的问题是什么？论文的结论（论点）是什么？这个问题和论点有何意义？第二，论文中认为前人对问题的处理有何优点，有何缺点？第三，作者提出解决问题的新方案是什么？它如何吸收以前方案的优点，避免其缺点，是否还有其他的新优点？第四，新方案可能会面临何种反驳？作者的回应是什么？第五，作者在论证过程中是否发现前人有根本的混淆（即针对不同的情况做出相同的处理），或者是否有歧视（即针对相同的情况做出不同的处理）？

在注意上面几个方面的同时，我们可以逐渐学会构建论文的思维导图。我们首先在开头或结尾找到论文的论点，再在每节中找节点，在分节中找分节点，然后在段落中找段点。最后把各个要点之间的关系，特别是论证结构清晰地呈现出来，由此形成整篇论文的思维导图。

从某种意义上讲，学术阅读与写作是一体两面的。我们喜欢阅读的文章的样子，就是我们写作的文章应该呈现的样子。就此而言，我觉得写作可以从三个方面着手。第一个是论文的语言，尽量清晰、简洁，概念要明确，不要含糊或模棱两可。第二个是论文的结构要层次分明。我喜欢用传统的八股文结构来类比好论文的结构：起（论文的意义）、承（前人的研究）、转（前人的不足）与合（能够继承前人优势与避免前人不足的新方案）。第三个是注意在为论点辩护时灵活应用各种论证技巧，这本教材里就有相应的基础知识。

最后还有一个提醒,有一种可能:你学的越多,看的文献越多,就越不敢动笔。为了克服这一点,让我们牢记两个字:第一个字,写;第二个字,改。首先为自己写,因此想怎么写就怎么写,可以忘记一切规矩,写出自己的想法,写出自己对别人文章的看法,尽一切可能先写出来。因为只有先写出东西来,才有第二步,也就是改。除了天才,绝大多数人的学术文章都是改出来的。当我们进入第二步时,我们就需要慢慢地把前面学到的各种规则利用起来,将其改造为清晰好懂的学术文章。这里也可分为两步:第一步是设想,你自己会希望别人怎么写?你先按这种想法去写。然后你把文章讲给别人听,或者给别人看,看看是否符合别人的期待。当你有经验后,你就可以去设想别人希望你怎么写,按照这种设想去写。

这里提供一个办法,也许可以让你的写作越来越清晰好懂。我们在写完论文后,把自己写的东西做成以下几种形式的PPT,去讲给别人听。第一种是只讲一分钟,只交代论文的意义;第二种是讲五分钟,把论证结构交代清楚;第三种是讲十五分钟,把最主要的论证交代清楚;第四种是讲四十五分钟,这就需要你用思维导图把整篇论文的论证清晰地表达出来。这个过程是把书从薄读到厚的过程,反过来就是把书从厚读到薄的过程。你可以找那种与你有差不多的知识背景、只是对你的具体领域不熟悉的同学,他们会是比较好的检验者,可以检验你写的东西是否清晰与好懂。

由于沃恩先生的文笔清晰流畅,概括的也是写作基础知识,因此本书的理解不难。只是本书由于是英文写作教材，因此涉及不少英文语法的问题。这些部分我们直接附上大段原文，也许对一些想出国留学的同学有点用。

本书的翻译主要由我的博士生金琦完成，我只译了第 5 章和第 8 章，最后是由我做的全书统校工作，因此所有的错漏均由我负责。最后要感谢何梦姣女士促成此书的翻译，同时还要感谢王逸环编辑的辛苦审校，使得译文更为流畅，增色不少。

葛四友

于武汉大学振华楼

2025 年 3 月 12 日

索引

索引条目中的页码为原书页码,已在本书页边标出。

A

abortion, sources on 堕胎相关资源 164
active reading 积极阅读 9–10
active voice 主动语态 127–128
ad hominem (appeal to the person) fallacy 针对个人(诉诸个人)谬误 51–52, 94–95 另见 genetic fallacy 生成谬误
adverse, averse 相反的,没兴趣 130
affect, effect 影响,完成 130
affirming the antecedent 肯定前件 30–32
affirming the consequent 肯定后件 33
allusion, illusion 暗示,错觉 130
ambiguity 歧义 52–53
American Civil Liberties Union (ACLU) 美国公民自由联盟 51
analogical induction/argument by analogy 类比归纳法/类比论证 35–36
animals and the environment, duties to 对动物和环境的责任
   sources on 相关资源 165

249

antecedent 前件 30
 affirming the 肯定前件 30–32
 denying the 否定前件 32–33
anyone, verb agreement with anyone, 主谓一致 114
anything, verb agreement with anything, 主谓一致 114
appeal to emotion 诉诸情感 54–55
appeal to ignorance, fallacy of 诉诸无知谬误 98–99
appeal to the person (ad hominem) fallacy 诉诸个人（针对个人）谬误 51–52, 94–95
arguing online 网络辩论 39–40
argumentative essays 论证性文章 61–62 另见特定主题
 annotated sample paper 附带注释的范文 87–92
 common mistakes in 论证性文章的常见错误 55, 81
 examples of well-built essays 精心构建的论文示例 68–76
 steps in writing 写作步骤 66–87
arguments 论证 6 另见特定主题
 analysis of 分析论证 22
 definition of arguments 论证的定义 5–6, 22, 93
 evaluating/judging arguments 评估/评判论证 7, 12–13, 19, 27–43
  mistakes in 评估论证的错误 24
  judging rules 评判规则 27–43
 locating 找出论证 26
 and nonarguments 论证与非论证 24–26
 summarizing 总结论证 11–12
articles (publishing) 文章（发表）163
audience, writing to 针对读者写作 45–46
authority of philosophers, using the 运用哲学家的权威 48
axiology 价值论 6

B

background information for thesis 论点的背景信息 63–64, 69, 73, 89

索 引

begging the question, fallacy of 乞题谬误 100
beliefs 信念 3–5, 10 另见reasons for belief 相信的理由
beside, besides 靠近，除了 130
biased language, avoiding 避免有偏见的语言 56–60
biases 偏见 另见partisanship 党派偏见
　　checking one's 检查自己的偏见 170–171
bibliographies 参考书目 142
　　building bibliographies 建立参考书目 110
block quotes 块引用 106, 142
blogs 博客 158, 163
　　CMS note format for documenting 引用博客的CMS文献—注释系统 151
　　MLA author-page system for documenting 引用博客的MLA作者—页码系统 158
body component of essay 论文主体的组成部分 64, 65, 70, 73, 84
book reviews 书评
　　CMS note format for documenting 引用书评的CMS文献—注释系统 150
　　MLA author-page system for documenting 引用书评的MLA作者—页码系统 157
books 书籍
　　CMS note format for documenting 引用书籍的CMS文献—注释系统 147–149, 151
　　MLA author-page system for documenting 引用书籍的MLA作者—页码系统 155–156
　　online 网络书籍 164

C

Chicago Manual of Style (CMS) documentary-note system 《芝加哥手册》(CMS) 文献—注释系统 109, 110
citing sources 注明出处 142–145
　　CMS documentary-note system CMS文献—注释系统 109, 110
　　MLA author-page system MLA作者—页码系统 109–110, 152–158
claims, sorting out 厘清主张 166–172
clarity 清晰度
　　testing for 测试清晰度 86

of thesis statement 论点陈述的清晰度 79

in writing 写作的清晰度 52–54

clauses, properly connecting independent 正确连接独立分句 117–119

clichés, avoiding 避免陈词滥调 131–132

CMS documentary-note system CMS文献—注释系统 146–152

cogent arguments 有说服力的论证 30, 37

comma splice 逗号拼接句 118–119

compliment, complement 赞美，补充 130

composition, fallacy of 合成谬误 102

comprise, compose 由……组成，构成 130

conclusion section (of argumentative essay)（论证性文章）的结论部分 62–63, 65, 66, 85

conclusions 结论 另见premises: and conclusions 前提和结论

    accepting 接受结论 6, 7

    defined 结论的定义 22

    overstating 夸大结论 49

conditional argument forms 条件论证的形式

    invalid 无效的条件论证形式 33

    valid 有效的条件论证形式 30–32

conditional arguments 条件论证 30–31 另见arguments 论证

confirmation bias 证实偏差 170–171

connotations of words 词语的内涵 129–130

consequent 后件 30

    affirming the 肯定后件 33

    denying the 否定后件 31, 32

conservatism (criterion) 保守主义（标准）37–38

continuous, continual 持续不断的，时断时续的 130

counterarguments 反驳 70–71, 74

criteria of adequacy 适当性标准 37

critical reading 批判性阅读 9–10, 168–169

critical thinking 批判性思维 166–169

critique of arguments 批评论证 64–65

cultural differences argument 文化差异论 14, 15, 17–20

索　引

cultural relativism 文化相对主义 16–19

D

deadwood, deleting the 删除"枯木" 119–120
deductive arguments 演绎论证 27–30
defending a thesis 对论点的辩护 61 另见argumentative essays 论证性文章
denying the antecedent 否定前件 32–33 另见arguments 论证
denying the consequent 否定后件 31, 32
Descartes, René 勒奈·笛卡尔 105, 124
design argument 设计论证 40–43
discriminatory language, avoiding 避免带有歧视性的语言 56–60
disinterested, uninterested 不偏不倚的，不感兴趣的 130
divine command theory 神命论 83, 141
 argument against 对神命论的反驳 78, 80–81, 83–85, 87–92, 141
 defined 神命论的定义 78, 83, 141
division, fallacy of 分割谬误 102
documentary-note (humanities) system 文献—注释（人文学科）系统 109, 110
documenting sources 注明资料来源 见citing sources 注明出处
"doing philosophy" "做哲学" 5
drafts 草稿
 writing final draft 撰写终稿 68, 86–87
 writing first draft 撰写初稿 82–85
dysphemisms 粗直语 129–130

E

either, verb agreement with *either*，主谓一致 114
emotional appeals, avoiding inappropriate 避免不恰当的诉诸情感 54, 55
endnotes 尾注 70, 142

253

enormity, enormousness 极端的邪恶，巨大 130–131

ensure, insure 确保，购买或提供金融保险 131

enumerative induction 枚举归纳法 33–35

environment, duties to 对环境的责任

 sources on 相关资源 165

epistemology 认识论 7

equivocation, fallacy of 含糊其词谬误 97–98 另见 fallacies 谬误

essays 文章 见 argumentative essays 论证性文章

ethics 伦理学 6

Ethics (Frankena)《伦理学》(弗兰克纳著) 106

ethnic groups 民族群体 58–59

euphemisms 委婉语 129–130

euthanasia, sources on 安乐死相关资源 164–165

explanation 解释 36 另见 inference to the best explanation 最佳解释推理

F

fact-checkers, using trustworthy 使用值得信赖的事实核查机构 169, 171–172

fallacies 谬误

 appeal to ignorance 诉诸无知 98–99

 appeal to popularity 诉诸流行 95–96

 appeal to the person (ad hominem) 诉诸个人（针对个人）51–52, 94–95

 appeal to tradition 诉诸传统 96

 begging the question 乞题 100

 composition 合成 102

 defined 谬误的定义 93

 division 分割 102

 emotional appeals 诉诸情感 54–55

 equivocation 含糊其词 97–98

 false dilemma 虚假两难 99

 genetic fallacy 生成谬误 97

索 引

  hasty generalization 草率概括 100–101
  slippery slope 滑坡 101
  straw man fallacy 稻草人谬误 51, 94
false dilemma, fallacy of 虚假两难谬误 99
final draft, writing 撰写终稿 68, 86–87
first draft, writing 撰写初稿 68, 82–85
first person, writing in 以第一人称写作 56
flout, flaunt 蔑视, 炫耀 131
focusing on one idea (in thesis statement)（在论点陈述中）专注于一个想法 79
footnotes 脚注 146
formatting papers 论文格式编排
  general specifications 通用规格 139–141
  quotations and citations 引文和注明出处 142–145
fortuitous, fortunate 偶然的, 幸运的 131
fragments, sentence 句子片段 116–117
Frankena, William K. 威廉·K. 弗兰克纳 106
fused sentences 融合句 117–118

G

Gale, Richard M. 理查德·M 盖尔 105
gender identity 性别认同 57
gender pronouns 性别代词 57
gender vs. sex 社会性别与生物学性别 56–57
genetic fallacy 生成谬误 97
genetics, source on 遗传学相关资源 165
God 上帝
  arguments regarding the existence of 关于上帝是否存在的论证 77, 100, 105 另见 design argument 设计论证
  issues under the topic of 以"上帝"为主题的问题 77
    God-and-morality issue "上帝与道德"问题 见 divine command theory 神命论

255

nature of 上帝的本质 141
Google, carefully using 谨慎使用谷歌 169–170
grammar 语法 另见sentences 句子
    communicating pronoun references clearly 明确表达代词所指 123–125
    expressing parallel ideas in parallel form 以并列的形式表达并列的思想 115–116
    grammatical consistency 语法一致 122–123
    matching subject and verb in number and person 使主语和动词在数量和人称上一致 113–115
    putting modifiers in their place 把修饰语放在该放的地方 120–121

H

hasty generalization, fallacy of 草率概括谬误 100–101
human research, sources on 人类研究相关资源 165
hypothetical syllogism 假言三段论 31–32

I

ignorance, appeal to 诉诸无知 98–99
illegitimate reasons for believing something 相信某事的非法理由 50
imminent, eminent 迫在眉睫的, 重要的 131
implicit premises 隐含前提 26–27
independent clauses, properly connecting 正确连接独立分句 117–119
indicator words 指示词 26
inductive arguments 归纳论证 27–30, 33–36
infer, imply 推理, 暗示 131
inference to the best explanation 最佳解释推理 36–37
    defined 最佳解释推理的定义 36, 44
    determining which explanation is the best 确定哪种解释是最好的 37
    form of 最佳解释推理的形式 37

information sources 信息来源 见sources 资源

introduction (section of argumentative essay) 引言（论证性文章的一部分）62-64, 69, 80, 82, 89

 how not to begin a philosophy paper 哲学论文的开头不能这样写 64

invalid arguments 无效论证 28, 33

J

journal articles 期刊文章

 CMS note format for documenting 引用期刊文章的CMS文献—注释系统 149–150, 152

 MLA author - page system for documenting 引用期刊文章的MLA作者—页码系统 156

 online journals 网络期刊 164

K

Kant, Immanuel 伊曼努尔·康德 107, 122

Kitcher, Philip 菲利普·基切尔 106, 143

L

language 语言 另见特定主题

 using precise 使用精确的语言 127, 128

lateral reading 横向阅读 167–168

lay, lie 放置，躺着 131

legitimate reasons for believing something 相信某事的合法理由 50

LGBTQ 60

like, as 介词，与……相似（搭配名词或名词短语）；连词，与……相似（搭配动词或分

257

句）131

literally, figuratively 字面意义上，比喻意义上 131

logic 逻辑学 7

logical argument 逻辑论证 22–23, 26 另见argument 论证

M

magazine articles 杂志文章
 CMS note format for documenting 引用杂志文章的CMS文献—注释系统 150, 152
 MLA author-page system for documenting 引用杂志文章的MLA作者—页码系统 156–157

magazines, online 网络杂志 164

masses, appeal to 诉诸大众 95–96

metaphors, mixed 混用比喻 132–133

metaphysics 形而上学 6

minority groups 少数群体 59

misplaced modifiers 错位的修饰词 120–121

MLA Handbook for Writers of Research Papers《MLA科研论文写作规范》110

Modern Language Association (MLA) author-page system 现代语言协会（MLA）作者—页码系统
 in-text citations 文内引用 109–110, 152–158
 works cited 引用作品列表 155–158

modifiers 修饰词
 defined 修饰词的定义 120
 misplaced 错位的修饰词 120–121

modus ponens 肯定前件 30–32, 108

modus tollens 否定后件 31, 32

Moore, Kathleen Dean 凯瑟琳·摩尔 68–76

moral issues 道德问题 14–20 另见divine command theory 神命论; utilitarianism 功利主义
 sources on 道德问题相关资源 164–165

N

negation 否定 31–32

neither, verb agreement with neither, 主谓一致 114

newspaper articles 报纸文章

    CMS note format for documenting 引用报纸文章的CMS文献—注释系统 150, 152

    MLA author-page system for documenting 引用报纸文章的MLA作者—页码系统 157

nonargumentative material vs. arguments 非论证材料与论证 24–26

none, verb agreement with none, 主谓一致 114

notes page 注释页 142

nouns, precisely selecting 精确选择名词 127

number, consistency in 数量一致 122

nutpicking, fallacy of 挑疯子谬误 94

O

objections 反驳 70, 91

    assessing 评估反驳 65–66

online arguing 网络辩论 39–40

online sources/online works 网络资源/网络作品 164

    CMS note format for documenting 引用网络资源的CMS文献—注释系统 151

    evaluating 评估网络资源 166–172

    MLA author-page system for documenting 引用网络资源的MLA作者—页码系统 157–158

only 仅 121

open mind, approaching the text with an 以开放的心态对待文本 8–9

opponents and opposing views, fairly treating 公平对待对手和反对观点 50–52

oral, verbal 口头的，与言语有关的 131

outlining 撰写提纲

250

  an argument 撰写论证提纲 11–12, 19

  the whole essay 撰写整篇文章的提纲 79–82

oversimplification 过分简化 51

overstating premises or conclusions 夸大前提或结论 48–49

P

parallel ideas in parallel forms, expressing 以并列的形式表达并列的思想 115–116

paraphrasing 转述

  arguments 转述论证 11–12

  examples of 转述的例子 14–15

  nature of 转述的本质 14

  reasons to master 掌握转述的原因 13

  steps in 转述的步骤 13–14

  writing a paraphrase 撰写转述 13–16

partisanship 党派偏见 49–50

  signs of 党派偏见的迹象 50

passive voice 被动语态 127–128

periodicals 期刊

  CMS note format for documenting 引用期刊的CMS文献—注释系统 149–150

  MLA author-page system for documenting 引用期刊的MLA作者—页码系统 156–157

person, grammatical （语法上的）人称

  consistency in 人称一致 123

persuasion vs. logical argument 说服与逻辑论证 22–23

philosophers 哲学家

  keeping their authority in perspective 正确看待哲学家的权威 48

  role of 哲学家的角色 4

philosophy 哲学 另见特定主题

  definitions and meanings of the term 该术语的定义和意义 4

  divisions of 哲学的划分 6–7

myths about 关于哲学的神话 3, 4
nature of 哲学的本质 3–9
questions of interest in 哲学感兴趣的问题 6–7
physician-assisted suicide, sources on 医生协助自杀相关资源 164–165
plagiarism 剽窃 另见citing sources 注明出处
    avoiding 避免剽窃 108–109
    defined 剽窃的定义 108
    forms of 剽窃的形式 108–109
    in paraphrasing 转述中的剽窃现象 15
plan for paper 论文计划 63
popularity, appeal to 诉诸流行 95–96
premises 前提
    and conclusions 前提和结论 6, 19–27 另见conclusions 结论
        conclusions following from premises 结论从前提中得出 30–38, 65
        identify conclusions first, then premises 先确定结论，再确定前提 10–11, 27
        overstating 夸大前提或结论 48–49
    defined 前提的定义 22, 93
    determining the truth of 确定前提的真伪 38
    implicit 隐含的前提 26–27
    support for 对前提的支持 64–65
pretentiousness, avoiding 避免装腔作势 46–48
principal, principle 校长，基本的真理 131
pronouns 代词
    communicating pronoun references clearly 明确表达代词所指 123–125
    gender 性别代词 57
pseudo-objections 虚假反驳 66

Q

quotations 引文
    block form 块状引文 106, 142

  direct 直接引语 106
  incorporating into one's papers 把引文融入论文 105–107
  indirect 间接引语 155
quoting sources 引用资源
  avoiding plagiarism 避免剽窃 108–109
  building bibliographies 建立参考书目 110
  citation/documentation systems 文献引用系统 109–110
  formatting 引用格式编排 142
  when and how to quote sources 何时以及如何引用资源 104–107

R

Rachels, James 詹姆斯·雷切尔斯 14–19
racial groups 种族群体 58–59
radicalizing the opposition, fallacy of 把反对方激进化的谬误 94
reading 阅读
  active 积极阅读 9–10
  critical 批判性阅读 9–10, 168–169 另见critical thinking 批判性思考
  lateral 横向阅读 167–168
reading philosophy 哲学阅读 8–20
  applying the rules 应用规则来进行哲学阅读 16–20
  common mistakes in 哲学阅读的常见错误 12
  requirements of 哲学阅读的要求 8
  rules to guide in 哲学阅读的指导规则 8–20
reasonable skepticism, attitude of 合理怀疑的态度 166
reasons for belief 相信的理由 36
  legitimate vs. illegitimate 相信某事的合法理由与非法理由 50
reductio ad absurdum (reduction to absurdity) 归谬法 31–32
redundancy, avoiding 避免冗余 128–129
reference works, general philosophy 一般哲学参考工具书 163
References list 参考文献列表 110

repetition 重复
　　awkward/clumsy vs. careful 拙劣的重复与精心的重复 133
　　hunting for 寻找重复之处 86
reproductive technology, sources on 生殖技术相关资源 165
research phase (in writing essay)（撰写论文的）研究阶段 67, 77–78
researching a philosophical paper 哲学论文研究 162–172
restricting the scope of the thesis statement 限定论点陈述的范围 78–79
run-on sentences 连写句 117–118

S

scheduling the work (of writing essay) 安排论文的写作时间 67
Schick, Theodore, Jr. 小西奥多·希克 122
semantic ambiguities 语义歧义 52
sentences 句子 另见grammar 语法；statements 陈述
　　fused 融合句 117–118
　　run-on 连写句 117–118
　　writing complete 写完整的句子 116–117
　　writing effective 写出有效的句子 125–126, 159–160
sex 性
　　gender and 社会性别与生物学性别 56–58
　　sources on love, marriage, and 性、爱情和婚姻相关资源 164
sexual orientation 性取向 60
shifting from one grammatical structure to another 从一种语法结构转换到另一种 122–123
simplicity (criterion) 简洁性（标准） 38
skepticism, reasonable 合理怀疑的态度 166
Skinner, B. F. B. F. 斯金纳 107
slippery slope, fallacy of 滑坡谬误 101
Socrates 苏格拉底 83, 84, 141
somebody, verb agreement with somebody 主谓一致 114
sound arguments 可靠的论证 30

sources 资源 另见online sources 网络资源
　　evaluating 评估资源 162, 163, 166–172
　　finding 查找资源 162–165
spelling, correct 拼写正确 133–135
statements 陈述 21–22 另见sentences 句子
　　defined 陈述的定义 21
straw man fallacy 稻草人谬误 51, 94
strong arguments 强有力的论证 29, 34
studying philosophy 学习哲学 8 另见特定主题
subject-verb agreement 主谓一致 113–115
suicide, physician-assisted 医生协助自杀 164–165
summarizing 总结
　　arguments 总结论证 11–12
　　examples of 总结的例子 16
　　reasons to master 掌握总结的原因 13
　　steps in 总结的步骤 13–14
　　writing a summary 撰写总结 13, 16
suspension of disbelief 悬置怀疑 10
syllogism, hypothetical 假言三段论 31–32
syntactic ambiguities 句法歧义 53

T

teleological argument 目的论论证 见design argument 设计论证
tense, consistency in 时态一致 122
terms 术语 见words/terms 词语/术语
terrorism, sources on 恐怖主义相关资源 165
theories 理论 37–38
thesis, arguments supporting 支持论点的论证 64–65, 71, 90
thesis defensive essays 论点辩护类文章 见argumentative essays 论证性文章
thesis statements 论点陈述 63, 69, 73, 82, 90

characteristics of good 好的论点陈述的特征 78–79
　　definition and nature of 论点陈述的定义和本质 62–63
　　examples of good 好的论点陈述的例子 79
　　writing 撰写论点陈述 68, 78–79
thinking, philosophical 哲学思维 7
topic 主题
　　defined 主题的定义 76
　　selecting and narrowing it to a specific issue 选择主题并将其缩小为一个具体问题 76–77
tradition, appeal to 诉诸传统 96 另见 fallacies 谬误
transgender 跨性别者 57–58
trivial thesis statement 无足轻重的论点陈述 79
Trump, Donald 唐纳德·特朗普 102

U

unfair treatment of opposing views 不公正对待反对意见 50–52
unity, checking for 检查论文统一性 85–86
utilitarianism 功利主义 47, 107, 140–141

V

vague terms 模糊的词语 53–54
valid arguments 有效的论证 27–33
Vaughn, Lewis 刘易斯·沃恩 122
verbs, precisely selecting 精确选择动词 127
voice 语态
　　active vs. passive 主动语态与被动语态 127–128
　　consistency in 语态一致 122

W

Warburton, Nigel 奈杰尔·沃伯顿 40–41

websites 网站

 CMS note format for documenting 引用网站的CMS文献—注释系统 151

 MLA author-page system for documenting 引用网站的MLA作者—页码系统 157

whataboutism, fallacy of 反唇相讥谬误 102

Wikipedia, carefully using 谨慎使用维基百科 169–170

wordiness and needless words 啰唆和不必要的词 119–120

words/terms 词语/术语 另见特定主题

 choosing the right 选择正确的词语 137–138, 160–161

 connotations 词语的内涵 129–130

 defining 定义术语 69, 73

 deleting deadwood 删除"枯木" 119–120

 distinguishing commonly confused 区分常见易混淆词 135–137

 distinguishing words that writers mix up 区分写作者经常混淆的词语 130–131

 indicator 指示词 26

 using specific 使用具体词语 128

Works Cited list 引用作品列表 110

worldviews 世界观 4–5

worthy thesis statement 有价值的论点陈述 79

writing clearly 清晰的写作 见clarity 清晰度

Y

your, you're 物主代词，你的；"you are"的缩略语 131

"进阶书系" —— 授人以渔

在这个信息爆炸的时代,大学生在学习知识的同时,更应了解并练习知识的生产方法,要从知识的消费者成长为知识的生产者,以及使用者。而成为知识的生产者和创造性使用者,至少需要掌握三个方面的能力。

思考的能力:逻辑思考力,理解知识的内在机理;批判思考力,对已有的知识提出疑问。

研究的能力:对已有的知识、信息进行整理、分析,进而发现新的知识。

写作的能力:将发现的新知识清晰、准确地陈述出来,向社会传播。

但目前高等教育中较少涉及这三种能力的传授和训练。知识灌输乘着惯性从中学来到了大学。

有鉴于此,"进阶书系"围绕学习、思考、研究、写作等方面,不断推出解决大学生学习痛点、提高方法论水平的教育产品。读者可以通过图书、电子书、在线音视频课等方式,学习到更多的知识。

同时,我们还将持续与国外出版机构、大学、科研院所密切联系,将"进阶书系"中教材的后续版本、电子课件、复习资料、课堂答疑等及时与使用教材的大学教师同步,以供授课参考。通过添加我们的官方微信"学姐领学"(微信号:unione_study)或者电话15313031008,留下您的联系方式和电子邮箱,便可以免费获得您使用的相关教材的国外最新资料。

我们将努力以以学术为志业者铺就一步一步登上塔顶的阶梯,帮助在学界之外努力向上的年轻人打牢解决实际问题的能力,成为行业翘楚。

品牌总监　　刘洋
特约编辑　　王逸环　何梦姣
营销编辑　　王艺娜
封面设计　　马帅
内文制作　　马冰